RÉCITS ET CHASSES

D'ALGÉRIE

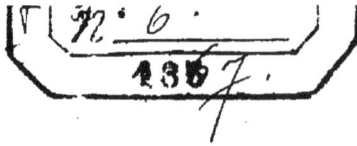

RÉCITS ET CHASSES

D'ALGÉRIE

PAR E. V. FENECH

PHILIPPEVILLE

TYPOGRAPHIE L. DENIS AÎNÉ,

RUE DU CIRQUE, 5.

—

1867

Le volume que je livre aux hasards de la publicité, en le dédiant à mes confrères de Saint-Hubert et aux amis de l'Algérie, a été écrit par fragments, et à différentes époques, dans mes rares loisirs.

Depuis vingt-six ans, j'habite l'Algérie, et le lecteur s'apercevra sans doute qu'à défaut de mérite littéraire, ces pages reflètent avec vérité les mœurs des habitants du pays et les émotions qu'y trouvent les chasseurs et les touristes.

Je n'ai pas même le mérite de l'invention ;

quelques épisodes paraîtront sans doute invrai-
semblables; ils n'en sont pas moins vrais.

Plusieurs de mes amis rencontreront leurs
noms dans ces feuilles; qu'ils me pardonnent
mon indiscrétion, si elle leur déplaît. Ce sont
leurs souvenirs en même temps que les miens
que quelques-uns au moins retrouveront peut-
être avec satisfaction.

Puisse cet essai, tout informe qu'il soit, recevoir un accueil encourageant; d'autres études
suivront : l'Algérie est un champ fertile.

UNE FÊTE DANS UNE TRIBU

C'était en 1841. A cette époque, la ville actuelle venait de s'établir, depuis deux ans à peine, au sein même des tribus kabyles, Les tentes du corps expéditionnaire du maréchal Valée s'étaient élevées comme par enchantement sur les ruines de Russicada, et le retentissement de la chute de Constantine avait frappé les Arabes d'une telle stupéfaction, que, bien loin de courir aux armes, ils avaient d'abord laissé vendre pour *cinquante francs* l'emplacement sur lequel ne tarda pas à bourdonner notre ville française. Mais bientôt leur fanatisme, disons mieux, leur esprit de rapine s'était réveillé, et notre enceinte ébauchée ne nous préservait pas des incursions d'adroits.

maraudeurs. La nuit, notre sommeil était troublé par les cris : *Au meurtre !* et les coups de fusil de nos factionnaires ne réussissaient guère à éloigner les voleurs et les assassins. C'est dans ces circonstances que j'étais arrivé à Philippeville.

Depuis longtemps, une puissante attraction m'attirait vers l'Algérie. Plusieurs de mes parents y étaient mêlés aux choses civiles et militaires. C'était une raison ; mais il y avait de plus, chez moi et chez quelques amis, pour cette terre nouvelle et si vieille que foulait le pied des soldats qui venaient s'embarquer à Marseille sous nos yeux, une attraction et un prestige qui nous remplissaient d'enthousiasme. L'un d'eux m'avait précédé à Philippeville, excellent ami dont j'ai vu creusér la tombe sur les coteaux voisins, hélas! et qui me précède aussi dans un autre voyage...

Ce fut lui qui me reçut. Les malles ouvertes, je le vis s'emparer gravement de mes armes, les examiner avec soin, les charger et les placer au chevet de son lit : « Quoi, sitôt ? lui dis-je. — Mais ce soir, » répondit-il.

Il m'expliqua alors que non-seulement il fallait pour longtemps renoncer aux courses lointaines que nous nous étions promises, mais encore dormir dans notre chambre la main sur les armes. C'etait un premier mécompte, mais j'avais vingt-deux ans; il me sembla, dans l'exaltation d'alors, que c'était bien aux Arabes de défendre le sol de leur patrie, et bien à nous d'y garder les droits que nous y donnait la conquête.

Quoi qu'il en fût des fréquentes alertes qui troublaient nos nuits, j'étais, le matin, debout le premier, et je suivais avec intérêt nos travailleurs civils et militaires, qui rendaient à la lumière les débris des édifices romains. Quelquefois le pic ou la pioche tremblait dans la main, le sol rendait un son creux ; on s'empressait : c'était le linceul de marbre d'un édile ou d'un centurion, *grandia ossa*.....

Les souvenirs du passé, la curiosité du présent ne pouvaient cependant détourner tout à fait nos yeux de la campagne que je voyais, des jardins de la porte de Constantine ou du fort de France, s'étendre, comme un tapis brillant et varié, le long de la belle vallée du Saf-Saf que clôt un rideau de montagnes vertes et bleues, bien différentes de crêtes stériles que nous avions parcourues dans les Bouches-du-Rhône.

Nos excursions, d'abord timides, s'étaient successivement étendues dans un cercle plus grand ; et, bien qu'un jour le cadavre d'un Européen décapité se fût trouvé sous les pieds de nos chevaux, il y avait pour nous, dans ces courses aventureuses, un tel charme et une émotion si vive, que, malgré les effrayantes prédictions qui qui nous précédaient au départ ou nous atten-

daient au retour, nous avions poussé loin dans le
pays nos chasses et nos pérégrinations.

Dans cette troupe d'imprudents, dont le Nestor
(c'était moi) avait à peine dépassé les vingt ans,
le plus intrépide était Giraud. Je ne raconterai
point ici le roman de son existence précédente; je
ferais prendre la vérité pour une fiction audacieuse. J'aime mieux vous dire simplement qu'à
dix-huit ans il pouvait monter le cheval le plus
fougueux, se servait de ses armes comme *Bas de
cuir*, et parlait l'arabe, l'italien, l'espagnol, le
maltais comme un cavalier du Jurjura, un ci-
toyen de Rome, un paysan de la Calabre, un hi-
dalgo de Madrid, un matelot de Palma. Le maltais, il le savait comme l'arabe et le parlait comme
l'insulaire du quai de la cité Valette. C'était là un
précieux et joyeux compagnon; il est le héros
des souvenirs que je raconte; et si, par hasard,
ces lignes le rencontrent encore en Algérie ou
ailleurs, il trouvera à les lire le même plaisir que
je goûte à les écrire.

Le premier à Philippeville Giraud, avait lié des
relations avec les Arabes, en petit nombre, qui
venaient faire parmi nous quelques rares achats.
C'était du fer pour le soc de leurs charrues; mais
j'ai plus d'une fois soupçonné la consommation
grande qu'ils faisaient du métal, qui sert à la vie
des hommes et à leur extermination. Parmi les
cheiks qui venaient *traiter les fers*, s'en trouvait

un dont la soumission était récente, la tribu éloignée. Cet Arabe invita notre ami à aller assister
à une fête qu'il donnait sous la tente à propos de
l'un de ces mariages si fréquents dans la vie
arabe.

C'était là une occasion comme nous en cherchions depuis longtemps, de voir enfin de près et
chez eux ces Arabes, qui nous étaient jusqu'alors
apparus seulement comme des figures détachées
des tableaux bibliques d'Horace Vernet. Il me
tardait de savoir si rien n'avait changé depuis le
temps d'Abraham, sous la tente de poil de chameau, dans les mœurs pas plus que dans la forme
du vêtement. Les dangers possibles, je dois dire
probables de notre petite expédition, ne se présentèrent pas un instant devant notre ardeur ; et,
si une pensée mauvaise, un doute fût venu, il
aurait été repoussé par la conviction où j'étais
que, de toutes les traditions du passé, celle à laquelle les Arabes, et surtout les Kabyles, étaient
restés fidèles, c'était l'inviolabilité de l'hospitalité
offerte.

Par une belle après-midi de septembre, nous
nous acheminâmes vers le point qu'avait indiqué
à notre guide Giraud, le cheikh, notre hôte. Les
cavaliers de ce dernier devaient venir au-devant
de nous, afin que nous ne fussions pas exposés à
donner dans un douar hostile.

Les précautions n'étaient donc par hors de sai-

son. Nous marchions comme des guérillas en
pays ennemi, non pas réunis en groupe — nous
aurions fait trop beau jeu aux maraudeurs em-
busqués; — au contraire, chacun de nous, isolé,
la main sur son fusil, s'avançait, éclairant lui-
même soigneusement sa route, à travers les
myrtes et les oliviers. A portée de pistolet, nous
pouvions accourir, si les circonstances l'exi-
geaient, au secours les uns des autres,

Pendant que nous parcourons ainsi le pied des
coteaux boisés qui, s'abaissant graduellement,
viennent se niveler vers la Pépinière, sur la plaine
formée des alluvions du Saf-Saf et de l'oued Zé-
ramna, je vais faire connaître le personnel de
notre petite troupe.

J'ai déjà parlé de Giraud. Apportant dans notre
excursion une indifférence née de ses aventures
passées, il semblait ne pas s'attendre à retrouver
une des émotions qui ne lui manquaient guère
autrefois parmi les contrebandiers de Gibraltar
ou sur les côtes de Calabre.

Il interpellait avec rudesse les Arabes que nous
rencontrions, et, quand ils hésitaient à répondre,
il les secouait vigoureusement, prétendant que
c'est là un moyen obligé. En effet, ceux auxquels
je m'adressai moi-même avec assurance, mais
sans invectives ni menaces, se drapaient dans un
dédaigneux silence et leur bernous déchiqueté.
Il est vrai que le peu que je savais alors de leur

langue me mettait hors d'état d'insister ; mais je
demandai vainement le gourbi de Saoud....
Ceux, au contraire, qu'interrogeait Giraud, ré-
pondaient avec des imprécations, mais ils répon-
daient.

Quelqu'un de nous s'inquiétait fort peu et de
nos colloques animés et de notre impatience de
rencontrer l'escorte qui devait nous conduire vers
la fête à laquelle nous étions conviés ; c'était
Charrier. Lui était venu, non en touriste ; non
qu'il fût curieux de se trouver, en plein dix-neu-
vième siècle, au milieu des tableaux et des traditions de la Genèse ; non qu'il fût bien désireux
de rencontrer sur la pente des coteaux les ruines
d'une villa de sénateur ou de proconsul ; il con-
sentait à nous suivre en chasseur seulement, et
ne se préoccupait guère du paysage, ni des ruines, ni de rien de ce qui attirait notre esprit dis-
trait. Battant les broussailles du bout de son fusil,
il braconnait en dépit de notre hâte et de nos ac-
cords, affirmant qu'il s'en tiendrait au premier
lièvre tué.... Plût à Dieu qu'il eût réussi !... On
verra plus tard quel est le souvenir qui m'arrache
cette expression de regrets.

Mes deux autres compagnons étaient étrangers ; je ne les connaissais pas auparavant ; ils
furent, pendant la route et dans le cours des
émotions de la nuit qui suivit, taciturnes et presque impassibles. Je ne les ai point revus depuis.

Ils ont sans doute quitté les bords de la rivière des Trembles (oued Saf-Saf) pour retourner à ceux du Rhin allemand.

L'escorte que nous nous attendions à rencontrer avait trouvé plus commode de ne point se mettre en selle pour aller protéger des *Roumis*. Nous trouvâmes enfin dans un ravin une trentaine de chevaux sellés. Le bruit et le mouvement qui se faisaient dans le douar qui dominait le ravin, nous fit comprendre que nous étions arrivés. Nous hésitâmes cependant jusqu'à ce que le cheik, se présentant lui-même, appela Girand par son nom.

Je dois dire que les dispositions qu'on nous montra furent des moins rassurantes ; mais il n'était plus temps de reculer. Le cheik s'avança seul, se retournant plusieurs fois vers les siens pour imposer silence aux reproches qu'ils ne craignaient pas de lui adresser. « Cela tourne mal, me dit Giraud avec un coup d'œil significatif ; tout le monde ici n'est pas pour nous. » Notre hôte nous salua, prit son invité par la main et nous fit signe de le suivre.

On arrivait au plateau, sur lequel les invités étaient assis, par un sentier encaissé, creusé par les eaux et le pied des chevaux. Un groupe d'Arabes y était descendu ; nous vîmes quelques-uns d'entre eux désigner du doigt nos armes que nous tenions au poing comme prêts à en faire usage. Le cheik répondit ; il ne fut guère écouté. Se tournant alors vers Giraud, il lui affirma que nos fusils éveillaient des défiances et qu'il fallait les remettre entre ses mains.... Nous refusâmes, il insista.

Il fallut céder. Les groupes voisins du premier se rapprochèrent de nous ; les cris devenaient étourdissants ; les aboiements des chiens hargneux n'étouffaient pas les clameurs que notre résistance provoquait. D'ailleurs, nous étions cinq, et le plateau était couvert d'hommes armés. Giraud ne se fit pas faute de reprocher au cheik l'attitude hostile que nous rencontrions parmi les siens, mais il nous conseilla lui-même de remettre nos fusils et nos pistolets. Nous le fîmes à notre grand regret.

Cet acte de soumission amena le calme. Saoud (c'est le nom du cheik) put alors se faire entendre ; il parla longtemps. J'interrogeai Giraud avec impatience pour savoir le sujet de cette harangue animée, dont je saisissais seulement quelques mots confus. Lui, qui était tout oreilles et tout yeux, ne me répondit point. — Des colloques s'échangèrent dans le groupe qui nous faisait face ; quelques Arabes se rapprochèrent de nous avec des démonstrations amicales. Giraud prit la parole à son tour ; il s'exprimait avec énergie et facilité. Il résultait sans doute de ses observations que l'influence du cheik Saoud était faible, car il ne

craignit pas de faire tomber sur lui la responsabilité d'une invitation imprudente, puisqu'elle
avait soulevé la mauvaise humeur des hommes
de la tribu. Mais il ajouta que nous étions venus
sur la parole et *dans les mains* d'un musulman, et
que les chrétiens eux-mêmes avaient toujours à
cœur de tenir la parole de l'un d'entre eux, eût-il
mal fait.

Je ne sais s'ils se rendirent à cet éloquent
mais contestable plaidoyer ; cependant, plusieurs
qui paraissaient hésiter se rapprochèrent et ré-
pondirent que nous n'aurions pas dû venir, mais
qu'il ne fallait plus craindre.

Dire les impressions que causa parmi nous cette
réception inattendue serait difficile : Giraud paraissait en proie à une vive colère qu'il contenait
à peine ; Charrier me demandait si nous devions
renoncer à un affût aux bêtes fauves que nous
avions bien voulu concerter pour lui complaire ;
nos deux Allemands paraissaient plus surpris
qu'effrayés. Mais j'avais conservé sous ma blouse
mes pistolets, et, sûr de me soustraire à tout trai-
tement ignominieux, fallût-il le tourner contre
moi-même, je me disais que l'une des deux armes
vengerait d'abord ma perte par celle du premier
Arabe qui m'attaquerait. Cette résolution *in ex-
tremis* me donnait l'assurance nécessaire à conserver.

Derrière le cercle formé par les gourbis bâtis

de branches et de terre glaise pétrie de la main
des femmes, s'étendait un espace découvert. Des
musiciens nomades en occupaient le centre et ré-
jouissaient par une musique arabe les oreilles peu
difficiles de nos hôtes sauvages. La tarbouca, espèce de tambour formé d'un vase de terre garni,
au lieu de son fond ordinaire, d'une peau tendue
sur laquelle le musicien frappe de sa main fixée
sur l'un des bords; la flûte antique de roseau,
percée de quatre trous et fermée à l'une de ses
extrémités d'un morceau de cire, une espèce de
clarinette en bois aux sons criards, enfin une
caisse, semblable en sa forme à celle de nos régi-
ments étaient les instruments dont les artistes
arabes tiraient des sons discordants; jusqu'au
moment où le hasard amenait une harmonie quelconque qu'ils essayaient de prolonger le plus
longtemps possible en se répétant sans cesse.

Il me parut très-rare de les entendre y réussir,
Nous avions hâte de nous soustraire au plaisir
de les écouter; la curiosité dont nous poursuivaient de malheureux enfants à peine vêtus nous
fatiguait aussi. Charrier, d'ailleurs, ne voulait pas
abandonner son projet d'affût; il engagea Giraud
à faire cette demande à son ami Saoud. Il paraît
que les dispositions de la tribu à notre égard se
modifiaient favorablement, puisque, après un re-
fus motivé sur la crainte que des malfaiteurs,
attirés par l'espoir de profiter de la fête pour en-

lever des bestiaux à la tribu, ne vinssent à nous surprendre, le cheik, ayant appelé auprès de lui quelques-uns des hommes qui n'avaient cessé de nous suivre, leur désigna les hauteurs qui enserrent le ravin que nous lui avions indiqué pour lieu de notre affût, et nous rendit nos armes, nous recommandant de ne pas rester longtemps.

Nous reprîmes nos fusils avec joie, et nous nous dirigeâmes vers le vallon. Notre attention fut bientôt attirée par la vue des empreintes nombreuses que les sangliers avaient laissées sur les bords d'un ruisseau dont le cours était, pour le moment, indiqué par des mares boueuses étendues çà et là. Pendant que nous examinions avec soin la direction de ces empreintes, cinq cavaliers armés de longs fusils passaient auprès de nous ; nous les reconnûmes pour ceux auxquels le cheik avait parlé. Giraud leur demanda ce qu'ils venaient faire : « Vous garder, » dit l'un d'eux.

Puis ils gravirent les pentes voisines, les fouillant du regard, et, parvenus au sommet du coteau, arrêtèrent leurs chevaux, mirent pied à terre et disparurent. Giraud nous assura qu'ils surveillaient ainsi les approches de leur douar et qu'ils nous défendraient à l'occasion.

Nous ne tardâmes pas à nous apercevoir que la terrible musique arabe arrivait jusqu'à nous et que les sangliers ou autres se garderaient de venir l'écouter. Mais Charrier n'en démordait pas ; il ne lui fallait qu'un lièvre, disait-il encore ; mais, hélas! les lièvres aussi devaient être peu attirés par le vacarme du voisinage. Après avoir vainement attendu dans un profond silence, je vis les silhouettes des cavaliers se dessiner sur l'azur du ciel ; ils nous rejoignirent au pas de leurs chevaux, et, levant l'embuscade, nous nous dirigeâmes vers la tribu.

A notre retour, la scène avait changé. Auparavant, des groupes confus allaient, venaient, et notre présence avait causé une certaine émotion, l'échange de quelques invectives ; mais nous n'avions aperçu nulle part les préparatifs d'une fête, si ce n'est que les hommes nous paraissaient préoccupés comme les foules européennes qui attendent, dans le parterre, la levée du rideau.

Quand nous arrivâmes sur le plateau, la nuit était descendue, obscurcissant à l'entour les broussailles qui couvraient les pentes des coteaux ; mais le village arabe brillait d'une vive lueur. Sur l'espace découvert qui s'étendait derrière les gourbis, s'arrondissait un grand cercle d'hommes accroupis. Au milieu, un immense bûcher, que des enfants attisaient sans cesse en y jetant des branches sèches de myrte et d'olivier, répandait la lumière et la chaleur. Le cheik était assis sur un bât de mulet recouvert d'un tapis. En face, dans un espace de trente ou quarante pas, sur lequel étaient déroulés des tapis ou des nattes, nous

distinguions vaguement des formes humaines
couvertes d'étoffes de couleurs variées, et les
chuchottements incessants qui s'élevaient de ce
groupe nous apprirent que les femmes de la tribu
étaient sorties et prenaient place au spectacle.

La musique continuait son éternel tam-tam.
Le cheik se leva, nous plaça près de lui et fit un
signe. Nous remarquâmes que les hommes qui
nous avaient montré les meilleures dispositions,
et à la garde desquels nous paraissions confiés, se
groupèrent tout autour de nous, ne laissant de
libre que l'espace qui nous mettait aux premières
loges pour jouir de la représentation. Les enfants
non plus ne nous avaient pas perdus de vue depuis
notre retour; ils vinrent de tous côtés s'accroupir
dans les intervalles laissés libres entre nous. Un
grand Kabyle armé jusqu'aux dents, que nous
avions tout d'abord désigné sous le titre de *Municipal*, fit tous ses efforts pour éloigner de nous
ces petits curieux, qui se jetaient entre nos jambes et s'accrochaient à nos vêtements; ils se réu-
nirent comme des écoliers mutins décidés à la résistance, s'assirent ensemble devant nous, et dé-
clarèrent, malgré les paroles sévères du cheik,
qu'ils ne bougeraient pas; mais le *Municipal* avait
à sa disposition un moyen ingénieux : il s'approcha du feu, y saisit une bûche enflammée et la
jeta au milieu des récalcitrants. Le moyen réussit,
amena une hilarité universelle et mit en fuite tous
ces jeunes sauvages.

L'orchestre redouble la puissance de son bruit. Sept à huit jeunes gens, couverts seulement de la prétexte romaine, espèce de longue chemise bordée d'une bande rouge, les bras nus, s'élancent de différents points du cercle, s'arrêtent brusquement, les uns devant les femmes, les autres devant le cheik, et, leur faisant honneur, déchargent leurs fusils après les avoir fait tourner autour de leur tête ou dans leurs mains avec une certaine grâce; puis, les rejetant sur leurs épaules, l'un imite les gestes d'un guerrier poursuivi qui fait face en menaçant; l'autre rampe comme à travers les broussailles, à la surprise d'un ennemi; l'autre se précipite avec fureur sur d'invisibles combattants. Tout à coup, au milieu de cette pantomime animée, l'orchestre marque un point d'arrêt et les coups de pistolets partent au même instant.

En guise d'applaudissements, une dizaine de spectateurs déchargent leurs fusils avec des cris sauvages, et les femmes font entendre ce bruit bizarre, ce glou-glou qu'on ne peut croire, la première fois, entendre sortir d'un gosier humain, mais que les femmes savent embellir d'une certaine modulation. L'émotion du moment s'y fait jour, et, si la jalousie musulmane ne leur a laissé que ce moyen d'expression, elles savent en user.

Les jeux de la poudre se renouvelèrent souvent, et je ne répéterai pas le récit de ces pantomimes belliqueuses.

Arrêtons-nous aux intermèdes ; ils n'étaient pas dénués d'un certain intérêt ; d'ailleurs, nous pûmes voir par eux, sous un nouvel aspect, le caractère arabe.

Sur un repos de l'orchestre, un vieillard de belle représentation, aux yeux vifs, et dont la physionomie porte le caractère accentué des races méridionales, s'avance gravement jusqu'au centre de l'assemblée. Il paraît se livrer un instant à la méditation, puis, élevant les bras, crie avec enthousiasme des paroles qu'il paraît improviser en les pliant à un certain rhythme. Ces chants ou ces déclamations commencent invariablement par cette formule : *Al raz*, deux mots qui signifient exactement *à la tête*, mais qui, dans cette circonstance, paraissent plutôt dire *en l'honneur*... Puis il fait l'énumération des brillantes qualités qu'il dispense généreusement à celui ou à celle dont on lui a livré le nom, mesurant ses louanges au poids de la pièce d'argent reçue en même temps.... Quand le compliment obtient l'assentiment de l'assemblée, des cris y répondent ; celui qui l'a payé et celui auquel il est adressé, se levant en même temps, tirent leurs fusils dans la direction l'un de l'autre.

Lorsque l'improvisateur n'avait pas prononcé de nom propre, mais quand il avait mêlé les plus gracieuses images, parlé des yeux et des pieds des gazelles, emprunté ses comparaisons à l'azur du ciel, à la fraîcheur du matin, raconté les actions imaginaires des jeunes gens qui avaient voulu mériter l'amour par des promesses inouïes, etc., c'était un cri de femme qui répondait, et le coup de fusil partait d'une main inconnue en dehors du cercle éclairé, de même qu'il était impossible de distinguer la bouche qui imitait le hennissement de la cavale à l'approche de l'étalon.

Les exercices guerriers succédèrent à l'improvisateur, et les applaudissements devenaient plus vifs. Le cheik appela Giraud, et celui-ci, revenant, nous dit que nous allions fournir un épisode au spectacle. Il fut convenu que, nous répandant sur différents points du cercle, nous tirerions à volonté un coup de pistolet par-dessus la tête des spectateurs accroupis ; puis qu'accourant vers le centre, nous nous placerions dos à dos et ferions successivement feu de nos fusils et du second pistolet, comme résistant à une attaque de toute face. Cette mise en scène d'une manœuvre de nos tirailleurs était toute simple ; elle ne manqua pas, pourtant, de produire une vive sensation. A peine étions-nous arrivés au milieu du cercle et réunis, que notre groupe parut un instant entouré d'éclairs et de fumée par quinze détonnations successives, et, nos armes étant encore chargées à balle, le sifflement aigu qui succédait à la détonnation donnait une expression plus vive à notre simulacre de défense. Je ne sais si cette dernière circonstance fut prise pour une menace, ou si la supériorité de notre manœuvre réveilla les rancunes, mais un silence glacial nous accueillit quand nous reprîmes nos places, et le cheik seul, demandant son fusil, le déchargea en notre honneur.

Cet assentiment donné par lui nous valut une manifestation hostile.

Des groupes animés entourèrent l'improvisateur, versèrent de la monnaie dans ses mains que l'on pressait en même temps avec énergie; et, comme il paraissait marchander un acte de courage, ou du moins hésiter à l'accomplir, les plus décidés poussèrent le vieillard auprès du bûcher et l'entourèrent avec une expression menaçante qui semblait s'adresser au groupe de nos partisans.... L'improvisateur parut se recueillir, et, d'une voix qu'il s'efforçait en vain de défendre d'une certaine émotion, il s'écria : *Al raz meta el emir Abd el Kader!* Puis il fit succéder un brillant éloge des héros de la guerre sainte, du vainqueur des Français, de l'exterminateur prochain de la race chrétienne. Il s'enthousiasmait de ses propres paroles que sa fureur rendait incompréhensibles, et se rapprochait de nous en gesticulant avec véhémence, toujours suivi par le groupe hostile.

Nous nous levons par un mouvement spontané, et nous nous tenons dans une attitude énergique, mais qui n'a rien de provocateur. Aussitôt une effroyable tempête de gestes et de cris éclatent autour de nous. Nos amis se précipitent au-devant des assaillants ; d'autres nous prient de nous retirer de la mêlée... Mais à quoi bon ?... Nous restâmes.

Un jeune cheik des *Agmès*, tribu kabyle qui habite les montagnes qui dominent le village de Stora, Mohamed ben Marabet, que je connaissais avant de l'avoir rencontré dans cette fête, à laquelle il assistait avec quelques-uns des siens, comme invité, se montra notre plus énergique défenseur. Je le rencontre souvent encore à Philippeville ; il se nomme Mohammed ben Marabout. Il avait alors reçu, depuis peu de temps, de l'autorité française, son burnous d'investiture ; il le retira de ses épaules et le passa sur les miennes, échangea l'un de ses pistolets contre l'un des miens, voulant dire sans doute que je pouvais compter, pour me défendre, autant sur lui que sur moi-même ; puis il appela, d'une voix forte qui domina tout le tumulte, les hommes de sa tribu. Ils accoururent, rejetant en arrière, d'un même geste, le capuchon et les pans de leur burnous, et découvrant ainsi leurs figures déterminées, leurs membres vigoureux et leurs ceintures armées.

Leur intervention amena un instant de silence, et nous vîmes alors une chose inouïe...

Le cheik, notre hôte, s'était tenu prudemment en dehors de la bagarre, et son intervention s'é-

tait bornée à quelques paroles prononcées du haut
de son bât de mulet, paroles qui furent à peine
écoutées. Il semblait vouloir ne pas se compro-
mettre. Giraud, dont la colère était à son comble,
ne pouvant lui pardonner sa faiblesse et les paroles de l'improvisateur, paroles outrageantes
pour nous Français et chrétiens, traverse d'un
seul bond les rangs de nos adversaires, saisit le
cheik par son capuchon, le fait lever, lui reproche
sans ménagements l'insulte gratuite qu'il n'a pas
su réprimer, promet de faire brûler par Bouroubi,
notre caïd d'alors, la tribu entière, et, joignant
le geste aux menaces, lui porte la main au visage
et le saisit par la barbe. Nous nous serrâmes les
uns contre les autres, croyant tout perdu.... Il
n'en fut rien. Cette audace, ces menaces, produi-
sirent l'effet du *quos ego* de Neptune. De vagues
chuchottements succédèrent à l'épouvantable tumulte, et (qui le croirait?) il suffit de l'intervention du *Municipal* pour rendre à la fête son caractère pacifique.... On se rassit dans un profond
silence.

De cette foule d'hommes armés, un seul tira
vengeance, quelques instants après, de l'atteinte
portée par Giraud à la considération du cheik, ce
fut une lâcheté et cet homme était fou.

Que l'on se porte un instant par la pensée au
milieu des scènes que je viens de décrire, et l'on
se dira sans doute qu'il n'est pas une représenta-

tion de nos théâtres qui puisse un instant donner
des émotions aussi vives que celles que nous
avons éprouvées. Spectateurs intéressés, acteurs
nous-mêmes de l'étrange action qui se passait
sous nos yeux et nous renfermait dans sa marche,
nous nous laissions entraîner par les péripéties
du drame, et nous ne tardâmes pas à oublier l'é-
trangeté de notre présence et les dangers qui
surgissaient autour de nous, pour nous livrer
sans réserve aux attraits de la fête à laquelle il
nous était donné d'assister. Bien plus, sûrs de
l'appui énergique des amis de Ben Marabout,
nous ne tardâmes pas à reprendre l'insouciance
et la gaieté de notre âge. D'ailleurs, nous avions
eu une scène guerrière, une déclamation lyrique,
presque un drame ; nous allions avoir un bal, et
certes la mise en scène, tenant tout de la nature
et presque rien des hommes, ne nous fit pas donner un regret aux décorations de toile peinte destinées ailleurs à fournir aux yeux une illusion
approximative.

Ce n'est pas un bal que j'aurais dû dire, mais
bien un ballet, car les danseurs et les danseuses,
bien que ne faisant pas profession de l'art de Ter-
psychore, étaient artistes de choix et se livrant
pour eux-mêmes au plaisir qu'ils trouvaient dans
les leçons de quelque Vestris africain, se donnaient néanmoins en spectacle avec une certaine
complaisance.

Je n'écris que peu de mots sur la danse des hommes. Je n'ai jamais pu voir, profane que je suis! les pirouettes de nos danseurs et leurs miracles d'équilibre, sans qu'un amer sentiment de pitié ne m'ait saisi pour la dignité humaine.... Si la danse n'est en effet que la pantomime de certaines passions humaines, j'avoue ne l'avoir jamais comprise par les ronds de jambe, les battus et les entrechats d'un danseur, fût-il un Cellarius. A force de civiliser la danse, nous l'avons défigurée. Quoi qu'il en soit, nous la retrouvions là dans son originalité primitive et telle que l'exécutait sans doute David, de biblique mémoire, pour charmer les ennuis de Saül. Ce souvenir fixa un instant mon attention sur les danseurs qui battaient la terre de la plante de leurs pieds. Au contraire de nos danseurs que nous appelons aériens, les Arabes n'abandonnent jamais le sol, et le mouvement qu'ils se donnent n'a rien des tours de force et d'équilibre que nous connaissons. Un balancement cadencé des épaules et des hanches, un piétinement régulier des talons accompagné de poses des bras et de la tête ; parfois un brusque mouvement en avant, puis une marche en arrière, un cri jeté au milieu du bruit de l'orchestre et qui trouve un écho dans les rangs féminins, un jeu de physionomie qui ajoute une expression plus complète au mouvement des membres : c'est la danse des hommes. Sans doute

que l'imagination, surexcitée par les mouvements
et le geste, fait éprouver à l'exécutant une sensation assez vive, puisque les cris, l'expression et
les mouvements acquièrent, sur place pour ainsi
dire, un branle croissant semblable à l'allure re-
tenue d'un cheval qui piétine d'impatience sous
le cavalier, et que la sueur ne tarde pas à ruis-
seler sur le front et. les membres des danseurs ;
mais, s'il en est ainsi, la danse est un vif plaisir
seulement pour celui qui s'y livre, et n'a que peu
d'attraits pour les spectateurs, du moins pour
ceux du même sexe.

J'ajoute cette réticence, parce que, s'il est vrai
que la danse masculine n'avait en ce moment
d'autre attrait pour moi que son originalité et ne
m'inspirait que les réflexions que je faisais alors
et que je viens de reproduire, je ne devais pas
tarder à perdre le fil de mes observations pour
m'abandonner à des impressions toutes différentes
dès que les danseuses eurent succédé aux danseurs. En effet, le Créateur a caché un charme
puissant dans les formes et les gestes de la femme.
En donnant à l'homme pour attributs la force et
la volonté, il lui a rarement départi la grâce ; et,
s'il est vrai que les Almès des montagnes africaines n'ont point la science chorégraphique des
Taglionis de nos théâtres, ni même des Pomarés
de nos boulevards, quelle expression peut valoir
celle de leurs longs yeux noirs ! quelle volupté,

tour à tour langoureuse ou ardente, se peint
mieux, dans un geste plus naturel !

Voyez Fathma : elle a dix-sept ans ; ses formes ont toute la souplesse et la grâce que le soleil
africain développe dans ces natures écloses au
milieu des myrtes et des lauriers-roses aimés de
la Vénus antique ; c'est le soleil, père de la volupté, qui a donné à cette peau ces chauds reflets,
à ces yeux cette étincelle brûlante. Si la beauté
du Nord est née de l'écume des flots, Fathma est
fille du rayonnement des feux du ciel sur le sable
des déserts voisins. Dans la rouge atmosphère
que le brasier dessine au milieu de l'assemblée,
à peine vêtue d'une légère robe de soie ouverte
sur les côtés, elle attire tous les regards, et tous
les regards lui sourient. Sa jeune tête, chargée
du poids de ses cheveux noirs, parmi lesquels
s'entrechoquent les grands anneaux d'argent et
les grosses perles de corail suspendus à ses
oreilles, se penche et se relève avec grâce ; ses
lèvres purpurines s'épanouissent entr'ouvertes
sur des dents de nacre; son corps frissonne ; ses
bras étendus cherchent l'invisible, l'attendent,
l'appellent.... Le mouchoir de soie brodé de pail-
lettes hésite dans ses mains; il exprime ses désirs
et ses craintes ; tantôt suspendu aux doigts de sa
main d'enfant, il offre une proie facile ; tantôt,
voltigeant au-dessus de sa tête, il semble devenir
insaisissable. La capricieuse jeune fille veut faire

longtemps le désespoir d'un amant : mais la nature va parler : voyez comme Fathma mendie un
regard ! voyez comme son œil se couvre de lan-
gueur ! son sein, ses lèvres palpitent ; tout était
vivacité et sourire, tout semble devenir délire et
ardeur incontenue ; voyez, ses genoux tremblent,
son œil s'éteint... Que Fathma est poëte, si la
poésie est l'expression, la peinture d'un sentiment, *pictura poesis !* Alors l'impassibilité musulmane tombe, l'émotion comprimée éclate en
trente coups de fusil ou de pistolet ; nous-mêmes
battons des mains — car la coutume devient nature — et rendons aussi par les armes le tribut
de remercîments dus à la danseuse. Depuis un
moment nous l'avons suivie du regard, ensuite
pas à pas, sans le savoir pour ainsi dire, et en-
traînés par la fascination. Les murmures soulevés
par notre indiscrétion, nous ne les avions pas
entendus.

Après avoir un instant joui de son triomphe,
Fathma essuie son front ruisselant sur ses bras
nus, puis, reprenant avec calme une espèce de
pas cadencé, elle vient au milieu de notre groupe,
et, par un mouvement inattendu, jette son mouchoir sur l'un de nous.

En cet instant, l'histoire du mouchoir du sérail
me vint rapidement en mémoire ; seulement, les
rôles me semblèrent ·singulièrement intervertis.
Tenant dans mes mains le mouchoir de soie hu-

mide de sueur, je regardais Giraud avec confu-
sion. Fathma jouissait de mon embarras, et, tout
en m'examinant à la dérobée, suivait, par des se-
cousses nonchalantes et par les mouvements de
ses petits pieds, la cadence marquée par la tarbouca. Hélas ! ce n'était pas le mouchoir du plaisir que j'avais reçu : le mouchoir des danseuses
kabyles n'est autre que l'escarcelle présentée par
la quêteuse européenne. Je nouai dans l'un des
coins une légère pièce d'argent et le rendis à regret.... La jolie fille sauvage n'interrompit pas
sa danse cadencée; elle saisit le mouchoir de soie,
en chercha le bout noué, en fit passer, par un
geste presque inaperçu, le contenu dans sa main,
puis regagna les rangs de ses compagnes, qui la
cachèrent trop tard à nos regards avides.

D'autres danseuses vinrent tour à tour lutter
de grâce et de séduction ; toutes avaient leurs
admirateurs, mais aucune n'obtint un succès
aussi complet que celui de la jeune Fathma. En
effet, il était difficile d'allier une grâce plus naïve
à l'expression, plus énergique d'une indomptable
passion ; il était impossible d'avoir de plus élo-
quents interprètes dans des yeux plus noirs et
plus doux. Après dix ans écoulés, je suis encore
sous le charme de cette nature si attrayante dans
sa simplicité...

Fathma fut souvent redemandée ; toujours elle
revint plus gracieuse et plus souple, toujours ses

repos étaient suivis d'une explosion d'enthousiasme ; mais la jeune danseuse s'était aperçue
que, seuls, nous traduisions assez généreusement
notre admiration, et, sollicitée par un sentiment
de cupidité, général chez sa race, elle venait jeter
son mouchoir à nos pièces d'argent plus souvent
qu'aux gros sous des spectateurs en burnous.
Les murmures étaient d'autant plus vifs que la
musulmane semblait prendre tâche de montrer le
plus près à des chrétiens ses beautés et ses sé-
ductions. La jalousie arabe s'en alarma. — Hélas !
il est un moment où les désirs deviennent des
tourments, et les éprouver, c'était payer assez
cher une éphémère préférence... Le frère, le mari
peut-être de la jeune danseuse, vint deux fois,
avec menaces et colère, la ramener au centre du
cercle ; mais deux fois, pendant que les yeux de
tous étaient, par une fascination invincible, atta-
chés sur elle, elle se rapprocha de notre groupe,
et deux fois encore le mouchoir y fut jeté. J'entendis un cri de rage, et je vis le même jeune
homme s'avancer vers elle le bâton levé. Le bâton
est la première et la dernière raison d'un mari
arabe ! Par un mouvement spontané, je me jetai
au-devant de lui, lui présentant le bout d'un de
mes pistolets, absolument comme s'il se fût agi
de défendre les jours de la danseuse. L'Arabe fit
un bond en arrière, et une telle stupéfaction se
peignit dans ses traits, qu'un rire homérique s'é-

leva de l'assemblée ; je compris de suite que les rieurs étaient de mon côté. Décidément, il devait être le mari.

Usant aussitôt de l'approbation que je venais de m'attirer, je déchargeai dans les jambes du malencontreux interrupteur l'un de mes pistolets bourré de paille mouillée, et tirai l'autre par-dessus la tête de Fathma qui paraissait s'émouvoir fort peu des cris de son propriétaire. Les rires redoublèrent ; je fus convaincu plus que jamais que l'homme au bâton ne pouvait être que le mari.

Au moment où tout semblait annoncer que l'hostilité s'était enfin évanouie dans la jouissance commune d'un plaisir qui procède de tout autre sentiment que la haine, une imprécation violente éclata derrière nous, en langue française d'abord, en arabe aussitôt. Je reconnus la voix de Giraud ; nous accourûmes.

Nous avons dit que l'acte de vigueur hasardé par lui, lorsqu'il avait durement reproché au cheik la tiédeur dont il faisait preuve à notre égard, en avait imposé au plus grand nombre de ceux qui nous poursuivaient de leurs démonstrations hostiles, et que notre ami avait, en saisissant notre hôte par la barbe, impunément vengé par un outrage l'outrage que l'improvisateur nous avait adressé en faisant devant nous l'éloge de l'émir Abd-el-Kader. Mais, depuis ce moment, un vieil-

lard, marabout qui portait autour du cou un
triple rang de perles jaunes, s'était obstinément
attaché aux pas et aux gestes du chrétien qui
avait osé porter la main sur un cheik musulman.
Ce vieillard couvait Giraud d'un regard fauve et
brillant comme celui de la panthère aux aguets ;
j'avais plus d'une fois remarqué cette expression
sinistre; mais, pendant que Fathma attirait si
agréablement toute notre attention, j'avais oublié
les menaces qui jaillissaient, pour ainsi dire, de
l'œil de cet homme. C'est de là que vint l'incident
qui interrompit si mal à propos les danses des
Almès des montagnes kabyles.

Giraud venait de déposer les armes à nos pieds
et de s'éloigner de quelques pas, lorsque, le saisissant violemment par les épaules, l'homme au
triple chapelet lui souilla le visage du plus insul-
tant des affronts, et disparut dans l'obscurité au
milieu des gourbis et des broussailles voisines.
Girand, rugissant de colère et pleurant d'indignation, demanda ses armes à grands cris, et,
frappant du poing tout Arabe qui se trouvait à la
portée, il se dirigea vers l'endroit où il les avait
laissées. Je pris, à la hâte, la précaution de les faire
disparaître ; ne les trouvant pas, il se saisit au
bûcher d'une branche enflammée, et, comme nous
nous jetions au-devant de lui pour l'empêcher de
la porter vers les gourbis couverts de chaume, il
la lança violemment par-dessus nos têtes... Rien

ne pouvait calmer son exaspération, mais cette exaspération devait tomber par son propre excès. Après s'être livré un quart-d'heure à des accès de de rage, Giraud s'assit épuisé et pleura... Nos consolations ne furent entendues que lorsque nous lui jurâmes de lui faire livrer celui qui l'avait lâchement insulté, ou de mettre nous-mêmes le feu au douar.

Pendant ce temps, une scène d'un autre genre se passait à quelques pas.

Un groupe s'était formé plus nombreux et plus animé que tous ceux qui s'étaient réunis jusqu'alors ; ceux qu'avait frappés Giraud dans sa colère, ceux qui avaient compris ses menaces de vengeance et d'incendie, ceux enfin chez lesquels le fanatisme de la religion et de la race ne s'éteint jamais, s'y répandaient en imprécations contre nous et contre le cheik, et proposaient à grands cris d'en finir avec nous, quittes qu'ils devaient en être pour bien peu, disaient-ils, si, rassemblant le lendemain leurs femmes et leurs bestiaux et chargeant leurs mulets, ils faisaient une journée de marche pour se soustraire aux vengeances françaises, vengeances dont Bouroubi était le terrible ministre ; mais que, tout brave qu'il était, il n'oserait porter au milieu des tribus indomptables de la grande Kabylie.

Ces avis violents et funestes eussent peut-être prévalu, si quelques voix plus sages n'avaient réussi à se faire écouter. Il fallut bien remarquer que nous comptions quelques alliés parmi les hommes mêmes de la tribu, et que les gens de Ben Merabot, qui se montraient aussi disposés à nous protéger, pouvaient rendre dangereuse l'agression méditée contre nous. Il fallut bien avouer encore que nous étions armés et que nous paraissions hommes à nous défendre hardiment.

Enfin, dès qu'il fut démontré, aux yeux de tous ces criards si acharnés, que le fanatisme ne trouverait à se satisfaire dans une collision qu'au prix de la mort de quelques-uns des croyants, les pensées se tournèrent vers un expédient plus pacifique : il fut décidé que l'on nous renfermerait jusqu'au jour et que nous serions gardés à vue.

Le cheik M'saoud, qui devait en ce moment regretter amèrement l'invitation qu'il nous avait faite, s'étudiait depuis longtemps à concilier et sa popularité auprès de sa tribu et la protection qu'il nous devait ; il accepta avec empressement le moyen terme proposé ; puis, dissimulant, sous les paroles les plus caressantes, la mesure hostile arrêtée contre nous, il vint nous inviter à prendre un abri contre l'humidité de la seconde moitié de la nuit. Un gourbi, c'est-à-dire une cahute de feuillage, avait été précipitamment disposée pour nous. Les apprêts furent courts ; ils consistèrent à transporter ailleurs les nattes qui servaient au repos de ses habitants dépossédés.

A peine fûmes-nous entrés, que quatre hommes armés occupèrent la porte. Nous avions accepté très-volontiers un abri, car les nuits de septembre sont froides même en Afrique ; mais nous ne pûmes voir sans dépit et sans appréhension qu'on en agît avec nous comme avec des prisonniers. L'un de nous s'étant présenté sur le seuil pour demander à parler au cheik, fut repoussé avec menaces ; il insista vainement, il fallut rester. Nous avions cependant le plus grand intérêt à ce que la démarche tentée réussît. En effet, depuis notre départ, nous n'avions pris aucun aliment. Comptant sur une réception toute autre, nous nous étions promis de faire honneur à nos hôtes en prenant une large part à la diffa nationale ; mais on a vu qu'il s'est agi fort peu de noces, qu'il n'avait pas été question de festin, et que le bal lui-même, si malheureusement interrompu, n'avait guère été, comme les nôtres, traversé de rafraîchissements. Les tiraillements de nos estomacs furent plus forts que les conseils de la prudence, et Giraud dit à nos gardiens que nous forcerions la sortie si l'on tardait à nous satisfaire. Plus de soixante minutes s'écoulèrent sans doute avant que rien nous fît comprendre que l'on aurait égard à notre demande. Les émotions de la nuit et la fatigue autant que la faim nous avait jetés dans un assoupissement que traversaient parfois des idées inédites et des réflexions sinistres

exprimées à voix basse. Tout à coup une excla-
mation de Charrier nous prouva que certaines
occupations d'esprit persistent dans les moments
les plus graves.

— Que ne m'avez-vous laissé tuer un lièvre !
s'écria notre ami.

L'à-propos poignant de ce regret exprimé en
de pareilles circonstances fut accueilli par des
éclats de rire, et la gaieté, qui ne pouvait avoir
abandonné pour longtemps notre âge insouciant,
se réveilla si vive, que nous vîmes arriver avec
indifférence l'homme qu'on avait envoyé demander des vivres.

Il revenait les mains vides. Surpris de nous
voir en proie à des accès de gaieté, il se tourna
gravement vers l'un des gardiens qui présentait
à la porte son visage, sur lequel aussi se peignait
l'étonnement, et lui demanda si nous avions bu
du vin. L'autre fit un signe négatif. L'arrivant,
alors, croisant les jambes, s'assit en face de nous
et nous regarda avec impassibilité.

— Si tu n'as rien apporté, lui dit Giraud, va-
t'en !

L'Arabe, portant, sans mot dire, la main derrière sa tête, en tira un morceau de viande séchée
à la fumée, et le tendit à son interlocuteur, qui le
prit et l'examina avec curiosité sans le mettre
sous la dent. Quand notre tour fut venu de prendre cette ration, qui ne valait sans doute pas le

brouet noir des Spartiates, nous refusâmes avec dégoût, et Girand, à l'exemple d'Alexandre, qui refusa de boire, son armée ne pouvant se désaltérer comme lui, rejeta dédaigneusement au pied de l'Arabe l'aliment dont on paraissait nous faire l'aumône. D'ailleurs, un premier rayon du soleil filtrait à travers les branches de notre prison, et nous apportait probablement la liberté et la fin de nos privations.

Le cheik entra, et, voyant reparaître sur le front de Giraud les traces de la colère de la veille, s'excusa longuement sur les difficultés de sa position, avouant qu'il avait eu grand tort de ne pas consulter les hommes de la tribu avant de nous faire l'invitation qui nous avait amenés chez lui ; il ajouta que toute la nuit il avait couru, avec des paroles de paix, d'un gourbi à l'autre, pour calmer l'irritation que notre conduite imprudente avait soulevée ; mais qu'il avait dû promettre, de son côté, qu'il obtiendrait de nous le silence sur les insultes qu'il n'avait pu nous épargner. Comme il insistait vivement sur ce dernier point, Giraud lui répondit brusquement :

— Notre premier soin à notre arrivée sera de nous plaindre au bureau arabe ; et, si le kaïd monte à cheval pour venir ici couper des têtes, je viendrai moi-même avec lui.

Le cheik, interdit, réfléchit un moment.

— Tu devrais oublier, dit-il, l'insulte de ce

vieillard imbécile, et, pour te venger de lui, ne pas me perdre aux yeux des miens, moi qui fus toujours ton ami...

Il saisit en même temps les mains de Giraud et les porta contre sa poitrine.

— Cet homme est marabout, ajouta-t-il, et c'est vainement que je l'ai sollicité de venir s'excuser auprès de toi.

— Donne-moi son nom, dit Giraud.

Le cheik hésita.

— Saïd ben Merabot, dit-il ensuite.

Giraud prit son carnet et écrivit.

— Pourquoi écris-tu son nom ?

— Pour faire prendre aujourd'hui le marabout maudit.

— Que lui fera-t-on ?

— Il mourra sous la main du chaouch, je te le jure, dit Giraud avec un sifflement de colère dans les dents, sinon je le tuerai !...

Le cheik se leva, sortit, congédia les hommes qui nous gardaient, et, comme nous nous présentions sur le seuil, il nous dit :

— Partez !

C'était précisément ce que nous comptions faire avec ou sans sa permission. Nous nous dirigeâmes par le sentier qui nous avait conduits la veille sur le plateau ; un groupe nous y attendait en silence ; tous les yeux interrogeaient l'attitude du cheik, qui marchait devant nous ; on comprit qu'il n'avait pu calmer le ressentiment de Giraud. Quelques jeunes gens s'approchèrent alors de ce dernier, lui prirent les mains et l'engagèrent à les suivre. Après une légère résistance, Giraud nous cria de l'aller attendre de l'autre côté du ravin, sur une hauteur d'où l'on découvrait tout le douar, puis il entra avec eux dans un gourbi.

Les deux jeunes Allemands nous quittèrent pour prendre les devants, dirent-ils.

Charrier et moi, nous gravîmes la pente opposée.

Un jeune Arabe se leva d'entre les broussailles et se mit à me suivre pendant que mon camarade, suivant son habitude de braconner, se mettait à buissonner du bout de son fusil.

— Fathma est belle, dit mystérieusement l'Arabe qui s'était attaché à mes pas.

Je me retournai avec un sourire, car l'enfant avait exprimé l'idée qui me préoccupait.

— Fathma est belle, reprit-il, et tu lui as donné beaucoup d'argent... Fathma est dans les bois ; viens!...

Je m'arrêtai avec hésitation ; le tentateur lut dans mes yeux et répéta :

— Fathma est belle !...

Tout à coup une idée traversa mon esprit : le propriétaire de la jeune femme avait à tirer vengeance des moqueries que j'avais fait tomber sur lui, et rien n'est plus commun, chez la race arabe,

que le piége qui m'était sans doute tendu. Ré-
flexion faite, je donnai à l'indigène une pièce de
monnaie et lui dis de s'éloigner.

Giraud revint. Les femmes, les enfants, les
parents du vieux marabout avaient supplié notre
ami de faire grâce ; il s'était laissé fléchir et avait
déchiré devant eux la terrible feuille de son
carnet.

Trois heures après, nous rentrâmes en ville, et
Charrier y portait un lièvre qu'il avait enfin tué.

1847.

———

Le cheik Mohamed ben Merabot, dont la protection fut pour nous si opportune, devait payer
cher, quelques années plus tard, son zèle et son
dévouement.

Le 4 juin 1849, le commandant supérieur des
troupes à Philippeville reçut avis que, dans la
nuit, le cheik Ben Merabot avait été tué, son
gourbi brûlé et ses troupeaux enlevés.

A cette époque, les Beni-Ishag, les Beni-bou-
Naïm, les Beni-Touffout, et presque tout le cercle
de Collo, étaient en insurrection. M. le colonel de
Tourville s'était porté, avec toute la garnison de

Philippeville, à El-Arrouch, et, de là, poussait des reconnaissances et des razzias sur les tribus, qui, quatre fois amnistiées, avaient quatre fois repris les armes. Il incendiait les villages et poussait vivement devant lui les contingents armés.

D'après les deux Arabes qui étaient venus donner l'alarme, c'étaient les partisans du nouveau chérif qui avaient assassiné Mohamed ben Merabot et mis le feu à ses gourbis pour le punir de l'attachement que de longue date il portait à la France.

Le commandant de place, en l'absence du colonel de Tourville, voulut pousser une reconnaissance de ce côté. Il fit un appel à la milice et emmena tout ce qu'il y avait de valide dans la garnison, y compris un détachement d'artilleurs et une pièce de montagne.

Par une étrange coïncidence qui me rappela l'épisode que l'on vient de lire, j'eus l'honneur de faire tête de colonne avec quelques artilleurs de la milice et de l'armée. Nous trouvâmes, près des gourbis incendiés, deux indigènes cachés dans un profond ravin. Ils furent ramenés en ville en même temps que les guides, qui, sous prétexte que le pays était impraticable, prétendaient ne pouvoir nous conduire plus loin.

On ne tarda pas à savoir que les assassins du cheik n'étaient autres que cinq hommes appartenant à sa tribu même. Deux d'entre eux, qui se berçaient de l'espoir de faire donner à l'un d'eux l'investiture du cheik Mohamed ben Merabot, étaient venus, avec les signes de la plus profonde douleur, annoncer l'assassinat; ceux trouvés dans le ravin étaient leurs complices. Le cinquième fut reconnu plus tard.

M. de Tourville, auprès duquel s'était rendu le frère de la victime, lui apportant les preuves du crime, fit mettre les meurtriers sous bonne garde.

Le lendemain, les chefs de la tribu assemblés, il leur ordonna de reconnaître pour cheik le frère de Ben Merabot; mais ce dernier, avec un rare désintéressement, dit que sa douleur ne lui permettait point de succéder sitôt à son parent; qu'il ne se reconnaissait point, d'ailleurs, l'influence nécessaire pour administrer dignement, mais qu'il désignait pour le plus capable de continuer les bons offices de Ben Merabot l'un de ses parents présents à l'assemblée.

Les quatre meurtriers furent, dit-on, livrés à la famille du cheik, et, peu d'heures après, sacrifiés en expiation du meurtre.

1852.

UNE CHASSE A LA PANTHÈRE

———

Le Sanhadja, théâtre de l'épisode qu'on va lire, est une vaste plaine marécageuse, située au-dessous du contre-fort nord-ouest des montagnes appelées Safia, et qui sont elles-mêmes une des ramifications du Fil-fila, l'une des montagnes boisées les plus élevées de l'arrondissement de Philippeville. Les chênes-liéges descendent des hauteurs jusqu'au plateau inférieur. Des ravines profondes, creusées par les eaux de l'hiver, coupent le plan assez uniforme que présente l'ensemble du paysage.

Une émigration d'origine kabyle a pris possession de ce coin presque ignoré de nos possessions. Bien que resserrée entre Philippeville et Bône, elle y vit dans une indépendance à peu près complète, et jusqu'au jour où la route en projet aura joint les deux villes, il est peu probable qu'elle soit troublée dans sa sauvage quiétude.

Le soin des troupeaux, la culture des terres, bien plus fécondes que celles du Seba-Rouss, leur contrée originaire, occupent ces tribus.

La chasse leur est un délassement utile, en ce qu'elle les délivre des attaques des lions et des panthères, qui rôdent le jour sur les traces de leurs troupeaux, et la nuit viennent flairer leur proie jusqu'aux portes de leurs gourbis.

Par un soir du mois de février 1845, les pasteurs de la tribu de Dem-Saf-Saf avaient, à grands cris, mais vainement, rappelé leurs troupeaux. Une pluie fine et les brouillards de l'oued el Kebir que les vents abaissaient sur la plaine, répandaient une teinte d'un gris uniforme. Les cimes noirâtres des chênes-liéges se distinguaient seules par leur teinte sombre ; mais la vue était partout bornée par les opaques nuages qui filtraient la pluie.

Les maîtres se joignirent aux serviteurs ; tous se répandirent dans la plaine, et des groupes d'animaux rassemblés à grand'peine rentrèrent dans l'enceinte formée par les cabanes de chaume.

L'un des propriétaires de troupeaux, Othsman ben Brahim, désigné plus particulièrement sous le nom d'Abd-el-Melk, s'était le plus avancé vers le Djebel-Guerbès. Soupçonnant que le brouillard seul n'avait pu causer la dispersion des troupeaux, il portait avec lui son fusil à demi-couvert des pans de son burnous.

Comme il quittait la pente boisée du ravin, le visitant du regard, il s'arrêta immobile : une panthère était accroupie tout près de lui. Fatiguée d'une poursuite inutile, elle s'était tapie, le ventre contre terre, et, de sa langue féline, essuyait ses larges pattes mouillées par l'eau qui coulait des buissons. Abd-el-Melk, qu'une touffe de myrte sépare seule du redoutable animal, introduit son long fusil à travers les branches de l'arbuste, jusqu'à ce que l'extrémité du canon effleure l'oreille, puis il presse la détente. Trois fois la pierre heurte la feuille du bassinet, mais trois fois le choc est sans étincelle. La panthère s'était à peine, au bruit, interrompue dans sa toilette.

Othsman-Abd-el-Melk, convaincu, en vrai musulman, que le moment n'est pas venu, essuie avec soin la batterie de son arme, puis, faisant un détour, traverse le ravin.

Quand il regagna le douar d'El-Dem-Saf-Saf, la nuit, nuit obscure s'il en fut, couvrait d'une ombre épaisse l'enceinte des bestiaux ; le *serrah* (berger) ne put répondre de l'intégrité du troupeau.

— C'est bien, dit Abd-el-Melk; je sais pourquoi. Appelle mes deux neveux ; demain, nous chasserons la panthère que j'ai vue ce soir.

Ses deux neveux, Ahmed et Saïd, arrivèrent, la joie sur le front. Les deux frères avaient à peine dépassé leur vingt années ; entre Ahmed, l'aîné, et le second, l'œil pouvait longtemps s'égarer. Les deux jeunes montagnards n'avaient pas les formes chétives des Arabes des plaines ; leurs membres arrondis et couleur de bronze témoignaient de leur énergie physique ; leurs yeux éteincelants disaient que la chasse héroïque du lendemain était l'un des mâles plaisirs qu'ils aimaient :

— La panthère ne quittera pas le ravin cette nuit, dit le vieil Abd-el-Melk ; si elle le quitte, on lira son chemin sur le terrain détrempé. Vous partirez tous deux avant le jour pour la surveiller avant la sortie des troupeaux.

Puis, s'adressant au plus jeune, à Saïd, il ajouta :

— Tu n'auras pas mon fusil (qu'il soit maudit pour avoir menti aujourd'hui !), ni celui de ton père, car, mon frère et moi, nous conduirons la chasse ; mais va trouver ton ami Moustapha le Roumi, emprunte-lui sa carabine. Dis-lui qu'il sera de la fête, s'il le veut.

Celui qu'Abd-el-Melk désignait sous le nom de Moustapha le Roumi était un naturaliste français qui avait établi sous la tente, chez une tribu voisine, son cabinet d'étude et son atelier de travail.

M. Zill, que de longs voyages en Afrique ont familiarisé avec les mœurs et la langue des indigènes, s'était fait de nombreux amis dans la contrée. Non-seulement il respectait les mœurs de ses hôtes, mais encore, pour ne point heurter leurs sentiments religieux, s'abstenait de boire du vin et de manger du sanglier. De plus, il passait pour *thebib*, et jamais il n'avait refusé d'user de son savoir quand les malades des gourbis le faisaient demander.

Le jeune Saïd était son ami en même temps que son serviteur. Il chassait pour le savant et s'émerveillait de voir revivre, sous leurs formes et leurs allures naturelles, les victimes de son adresse rapportées des bois ou des marais. Il se promit bien d'avoir la bonne carabine de Moustapha.

Les jeunes gens, avant de rentrer sous leur toit de chaume, visitèrent les gourbis et engagèrent leurs amis à se joindre à la battue qui devait amener la destruction de l'ennemi acharné de leurs troupeaux.

L'étoile du matin venait d'apparaître radieuse au sommet de l'Edough. Les brouillards de la veille, poussés par le vent de terre, avaient fui vers la mer. Rien ne troublait plus la calme limpidité du ciel. Une blanche gelée reflétait encore sur les prairies les derniers rayons de la lune, quand les deux jeunes chssseurs, après le *fedjer* (prière du matin), sortirent de l'enceinte de la zriba. Ahmed tenait déjà une longue canardière de fabrique française, dont il faisait son fusil de chasse ; il conduisit vers la carcasse d'un sanglier, abattu la veille, les chiens de son oncle Abd-el-Melk, pendant que Saïd, se dirigeait vers la tente du *barani* (étranger).

Quelques instants après, toute la zriba fut debout, les femmes, mêlées au troupeau, faisaient jaillir dans de larges jattes le lait des vaches, qui fournit le leben (1).

Les chiens enroués aboyaient aux derniers cris des bêtes nocturnes qui regagnaient les bois.

Les hommes se rassemblèrent sur un espace à découvert, et Othsman-Abd-el-Melk leur montra du doigt le point sur lequel marchait son neveu Ahmed.

C'était là que se trouvait probablement encore la panthère. Les batteurs devaient, avec les chiens, prendre le bas du ravin, dont les deux bords découverts seraient suivis par les chasseurs.

Ces simples dispositions une fois arrêtées, on se mit en marche.

La crête des montagnes se rougissait des premiers feux du jour.

---

(1) Le leben est le petit-lait. Les Arabes en font leur boisson habituelle ; il s'aigrit promptement et emprunte une odeur désagréable de la peau de bouc où il a été secoué pour l'extraction du beurre.

Ahmed, devançant, dans son impatience, chasseurs et traqueurs, s'était déjà placé au sommet du ravin, bien avant que les chiens de son oncle, tenus soigneusement en laisse, afin qu'ils ne s'égarassent pas sur le pied des sangliers, fussent lâchés. Il craignait que, déjà debout, la panthère, au bruit des chasseurs, ne gagnât les grands bois.

Les chiens arabes ou kabyles ne passent pas pour intrépides, et plus d'un de nos lecteurs s'étonnera de les voir conduire à l'attaque d'une panthère ; mais les chasseurs savent que le chien est ce que le fait son maître.

Or, Othsman-Abd-el-Melk était un rude batteur de bois ; sa meute était aussi hardie que lui. Chaque jour, elle chassait le sanglier, et, quand elle le forçait dans sa bauge, la curée lui revenait tout entière. Aguerris et couverts de nombreuses cicatrices, ces chiens, semblables d'ailleurs à ceux qui gardent les gourbis, ne s'en distinguent pas même par la taille ; leurs oreilles droites semblent établir leur parenté avec les chacals du voisinage ; comme ces derniers, ils portent dans leur gueule étroite, mais forte, une rangée de dents aiguës, et leur poil raide se hérisse dans la colère partout où les blessures et le frottement des genêts épineux ne l'ont pas emporté.

Saïd rejoignit les chasseurs ; il portait la carabine de Moustapha.

M. Zill prit position sur l'un des flancs du ravin.

Les batteurs, rejetant sur leur épaule droite les pans de leur burnous, se mirent à frapper de longs bâtons les premières broussailles du fourré, et les chiens s'y répandirent avec ardeur.

Il y avait quelque chose de hardi dans cette attaque à force ouverte contre l'hôte le plus redoutable des forêts africaines. Le lion est plus patient, moins rusé, moins cruel que la panthère traquée dans sa retraite. Lui, cherche sa proie, le jour ou la nuit, sans dissimuler sa présence ; il n'interrompt guère les sourdes interjections qui coupent sa respiration et le révèlent à tout le pays ; il ne sort de sa calme majesté que dans le cas de légitime défense. Sûr de sa force, il semble avoir répugnance à en user autrement que contraint et forcé. La panthère a non-seulement les allures, mais aussi les caractères de la race féline ; elle s'embusque pour attaquer, s'environne du silence et ne dédaigne pas de s'en prendre aux simples traqueurs.

Ceux-ci, pour s'encourager dans leur périlleuse besogne, entonnèrent, à l'adresse de leur fauve ennemi, un bruyant concert de malédictions, de défis et de menaces.

—Ya ! ya ! ahh ! ben kelb ! ahh ! el meur ! etc. (Allons ! allons ! ahh ! fils de chien ! O panthère, qui manges les sangliers, montre-toi ! Ce sont des hommes qui viennent ! etc.)

Chacun improvisant ainsi, au gré de l'inspiration du moment, entremêlait à ces apostrophes des interjections semblables à l'aspiration des bûcherons qui fendent le bois.

Bientôt des jappements étouffés, mais fréquents, se firent entendre au milieu du vacarme humain.

Il y eut cependant un moment de silence solennel.

Les chiens s'approchaient du repaire.

Les chasseurs devançaient les traqueurs ; ils marchaient lentement sur le découvert, près du bord du ravin, tenant leurs fusils abaissés. Ils hâtèrent le pas pour arriver à la hauteur où les chiens se faisaient entendre. Les jappements devinrent plus fréquents ; des aboiements furieux leur succédèrent, et les tiges des myrtes et des cistes s'agitèrent avec force. Un instant, on entendit un sourd craquement ; quelques débris de bois brûlé, toujours mêlés aux tiges vertes, furent rejetés dans la direction du sentier, et les chiens se turent...

La panthère venait de quitter sa couchée, et d'un bond furieux, se jetant sous un point découvert, se préparait à combattre.

Othsman-Abd-el-Melk fut le premier ennemi qui se présenta devant elle. Il se trouvait à quinze mètres environ.

Déjà il épaulait froidement son long fusil kabyle, lorsque, se dérobant à son arme, la panthère

bondit vers lui avec la rapidité d'une flèche ; mais
de ce premier effort elle n'arriva pas jusqu'au
chasseur, et, rencontrant son regard intrépide,
elle s'accroupit pour prendre un dernier élan ;
c'était le moment qu'attendait Abd-el-Melk : il fit
feu...

Hélas ! pour la première fois peut-être, son œil
s'était égaré, ou son arme avait tremblé dans sa
main !...

La fumée du coup n'était pas encore dissipée,
que chasseur et panthère ne formaient plus qu'un
groupe. Abd-el-Melk, au pouvoir de la bête furieuse et n'ayant d'autre arme que son fusil, ren-
versé, s'était, avec une présence d'esprit et une
prestesse admirables, retourné et se tenait à plat
ventre... Par bonheur, sa balle ne s'était pas per-
due, et la panthère, une épaule brisée, l'autre
griffe embarrassée dans les plis du burnous, ne
pouvait user de tous ses moyens.

Ce fut un moment terrible.

Le jeune Saïd, frappé de stupeur, l'œil hagard,
demeurait immobile ; M. Zill, le fusil à l'épaule,
hésitait à tirer, dans la crainte de blesser l'homme... Cette scène durait depuis quelques secondes
à peine, lorsque Ahmed arriva de son poste : il
avait tout vu. L'héroïque jeune homme accourt, il
n'est plus qu'à deux pas ; la panthère venait de
saisir son parent par les reins et le tenait sous elle
avec de sourds grognements ; Ahmed met un ge-

nou à terre, s'incline encore, et, visant de bas en
haut, lâche son coup de canardière : la panthère,
frappée de mort et rejetée sur ses jarrets, retombe
sur le dos avec une convulsion de rage et d'agonie. La balle du jeune chasseur lui avait ouvert
le crâne.

Presque aussitôt, Othsman s'était relevé ; mais
il ne sortait pas sain et sauf des griffes et des
dents de son féroce adversaire. Comme on l'a vu,
la panthère n'avait pu se servir de ses armes les
plus redoutables, de ses ongles, qui coupent
comme des lames d'acier ; mais elle avait saisi le
chasseur au moment où Ahmed lui porta si heureusement le coup mortel.

Othsman donc, après avoir embrassé son neveu, que les autres chasseurs félicitaient de sa
hardiesse, appela M. Zill. Avec cette confiance
absolue que les indigènes de toute race ont pour
les médecins européens, il lui demanda ce qu'il
devait faire pour être promptement guéri de sa
blessure.

Moustapha le Thebib examina la plaie. Les
crocs de la panthère avaient profondément plongé
dans les chairs, au point que les quatre blessures
n'en formaient que deux, que le petit doigt s'y
logeait et pouvait reparaître des deux parts ;
mais, par une espèce d'assimilation avec les plaies
d'armes à feu, il n'y avait pas de forte hémor-
ragie.

Le naturaliste cueillit, autour de lui, quelques tiges de mauves, et expliqua l'usage qu'on devait en faire de retour au gourbi.

J'insiste sur ces détails, dont on comprendra plus tard l'importance.

Le blessé, parfaitement calme, s'assit alors sur le bord du ravin, et, pendant que les chiens aboyaient, comme pour l'insulter, autour du splendide cadavre étendu sur la verdure, chasseurs et batteurs rassemblés tirèrent des capuchons de leurs burnous le frugal déjeuner des Kabyles, c'est-à-dire des galettes de froment cuites sous la cendre, des oignons et de l'ail. Othsman prit sa part de ce régal lacédémonien.

Quelque grande que soit l'impassibilité musulmane, le dernier acte de la chasse anima longtemps la conversation; puis Othsman, s'adressant à son frère Abd-el-Melk :

— C'est à ton fils Ahmed que revient le corps de la panthère; qu'il en dispose comme il voudra.

— Si tu ne l'avais pas arrêtée de ta balle, mon fils n'aurait pas eu l'occasion de la tuer, répondit l'autre avec une feinte modestie ; elle t'a blessé, garde-la.

— Je suis le vaincu, Ahmed est le vainqueur : à lui la dépouille...

Ahmed, pendant la conversation qu'il entendait, reprochait à son frère l'hésitation qui l'avait arrêté. Appelé, il répondit qu'il n'avait pas encore

payé son fusil et qu'il priait son père de prendre
la panthère en à-compte.

Cela dit, arrivèrent deux mulets, destinés, l'un
au blessé, l'autre à transporter chez le kaïd El-
Hadj-Belkassem le trophée de la matinée.

Ce n'est pas sans effort que, sur le mulet, accroupi sur ses genoux (1) et les yeux couverts des
pans d'un burnous, on plaça l'énorme bête fauve ;
sa tête sanglante d'un côté et ses larges pattes de
l'autre touchaient le sol.

D'ordinaire, les bêtes fauves abattues sont por-
tées tout d'abord au bureau arabe le plus voisin,
où, en exécution d'un arrêté, une prime est payée
au capteur selon l'espèce.

Mais Abd-el-Melk avait une plus haute am-
bition.

Ancien oukaff, il avait été remplacé dans son
lucratif emploi par ordre du nouveau kaïd, et
c'était pour lui une bonne fortune que de prouver
qu'il ne gardait pas rancune de sa destitution. Il
perdait, il est vrai, la prime et la valeur de la peau,
c'est-à-dire vingt ou vingt-cinq douros ; mais ce
n'était pas trop payer la faveur du chef, s'il par-

---

(1) Les Arabes et les Kabyles ont pris des chameliers du
désert l'habitude de faire agenouiller les mulets, comme ceux-
ci leurs chameaux, afin de les charger plus facilement. On
sait que les animaux domestiques sont, en Algérie, d'une do-
cilité exemplaire.

venait à être réintégré dans ses anciennes fonc-
tions. Alors il serait temps de faire supporter aux
contribuables ce léger sacrifice. La mesure du
saâ est complaisante (1).

Le kaïd reçut le cadeau d'Abd-el-Melk avec la
dédaigneuse indifférence que revêtent les grands
dignitaires en prenant le burnous d'investiture.
Il fit compter huit douros à l'envoyé ; mais, peu
après, il s'aperçut enfin que l'oukaff substitué à
Abd-el-Melk abusait de ses fonctions, et ce dernier ne tarda pas à être réinstallé. Chez les
Arabes, et même chez les Kabyles, un cadeau
n'est pas toujours perdu.

Il est temps de revenir à Othsman. De cette
simple histoire va naître un de ces drames trop
fréquents dans les douars arabes.

Quand Othsman arriva dans son gourbi, le
résultat de la chasse y était connu, et l'on disait
la blessure beaucoup plus grave qu'elle ne l'était
en effet. Aussi, un observateur attentif eût pu
remarquer un mouvement de surprise assez
étrange dans les yeux d'Aïcha, la femme d'Othsman, quand elle vit son mari descendre du mulet
avec un visage tranquille.

---

(1) Le *saâ*, mesure arabe, est variable. On conçoit que
l'oukaff, collecteur d'impôt et le percevant en nature, reçoit
beaucoup plus qu'il ne verse entre les mains du kaïd.

— On m'avait dit que mon maître était blessé, observa-t-elle.

Aïcha paraissait avoir une trentaine d'années. Déjà flétrie par les apparences d'une vieillesse prématurée, comme sa puberté avait été précoce, elle avait le type ordinaire des femmes indigènes, type d'ailleurs rempli de distinctions naturelles : formes du corps souples et gracieuses, traits du visage doux et purs, grands yeux, bouche petite, dents régulières et blanches, extrémités fines et délicates ; mais, esclaves plus ou moins soumises, et non compagnes respectées, elles ont les vices de la servitude : la dissimulation et les mauvaises mœurs ; courbées de corps sous les plus rudes travaux, elles subissent au moral la dégradante influence de la position qu'on leur a faite.

L'amour a quelquefois éclairé d'un rayon leur première jeunesse. Alors, recherchées, adulées, chantées, elles ont connu les enivrements de la vie ; mais, quand un marché les a livrées, selon les mœurs musulmanes, à un inconnu de la veille, elles ne sont bientôt plus qu'un meuble domestique, qu'une servante sous le bâton du maître, et toutes les vengeances leur sont bonnes.

Othsman ne répondit pas : il entra sous le toit de chaume, fit apporter les feuilles de mauve, et recommanda de les faire bouillir, afin que le suc servît à laver sa blessure ; puis il se coucha sur une natte déroulée, les pieds tendus vers l'âtre, simple trou creusé en terre au milieu de la cabane.

Jusqu'au soir, il resta ainsi enveloppé de son burnous et de son stoïcisme. Les visiteurs qui s'approchaient de lui le baisaient à l'épaule, en lui souhaitant la santé ; puis, après avoir attendu auprès de lui un instant, se retiraient.

De vieilles femmes vinrent aussi, se rangeant autour de lui ; elles prononcèrent quelques paroles, afin de conjurer l'esprit du mal, et l'une d'elles, passant près d'Aïcha, dit, avec une intention maligne :

— Soigneras-tu bien ton mari ?

Aïcha s'occupait silencieusement de préparer le leben pour le blessé.

Le lendemain, M. Zill fut réveillé par Ahmed.

— Viens vite voir mon oncle Othsman, dit le jeune homme avec émotion ; il te demande ; il va mourir...

Le naturaliste, étonné au dernier point, pressa vivement Ahmed des questions les plus précises ; celui-ci répondait invariablement : Tu vas voir !

Quand ils entrèrent, Othsman, couché sur le côté et le visage livide, pressait de ses deux mains sa poitrine, qui semblait se déchirer en efforts convulsifs et douloureux.

La femme, les yeux fixés sur lui, remuait, avec une froide insensibilité, les cendres du foyer.

Le thebib entra; elle se détourna, et, avec un sombre sourire :

— Guéris-le maintenant, murmura-t-elle.

Au premier coup d'œil, M. Zill reconnut la vengeance particulière aux esclaves de tous les pays et aux femmes indigènes ; mais il ne laissa rien paraître de cette impression.

Il demanda à Othsman quelle était la boisson qu'il avait prise.

— Cette femme, dit le malade, m'a versé du leben que j'ai trouvé mauvais... et sans doute je suis empoisonné.

Aïcha gardait un silence impassible. La terrible révélation ne paraissait pas la concerner.

M. Zill, bien convaincu, sortit suivi des assistants, qui l'entourèrent, lui demandant ce qu'il pensait. Parmi ceux qui l'interrogeaient se trouvaient Abd-el-Melk, le frère du moribond, et ses deux fils, Ahmed et Saïd qui attendaient sa réponse, le regard sombre et menaçant ; il comprit que parler, c'était prononcer un arrêt de mort ; il répondit :

— Je ne sais rien. Ce qui est écrit sera. Je reviendrai demain.

Ahmed ne se paya pas de cette formule évasive. Rentrant auprès de la femme d'Othsman, il lui reprocha sa trahison avec une vive indignation.

— Qui donc, lui répondit Aïcha, m'aurait

donné l'arsenic ? Ai-je donc de l'argent pour l'acheter, ou bien les juifs colporteurs ont-ils l'habitude de perdre le *radj* (arsenic) sur le chemin ?

Puis, avec un sourire de cruelle ironie :

— Ton gracieux parent me laissait-il la moindre pièce d'argent ? M'a-t-il seulement donné un mouchoir que j'aie pu revendre ? Le baraui a-t-il dit qu'Othsman est empoisonné ? Pour la parole d'un étranger, fils de chien, tu vas me faire maudire...

A cette avalanche d'arguments, Ahmed n'opposait qu'un morne silence.

— Je sais bien, reprit alors Aïcha, pourquoi ton père et vous ses fils m'accusez ainsi ; moi morte et mes jeunes enfants déshérités, c'est à vous que reviendraient les troupeaux d'Othsman... D'ailleurs, le maître vit encore ; qui donc parle de sa mort ?...

Ahmed se retira.

Dans le douar, l'étrange suite de la blessure d'Othsman fit le sujet de toutes les conversations. Tous les Abd-el-Melk vinrent veiller auprès de lui.

Othsman, toujours enveloppé de son burnous, se débattait contre l'agonie, mais sans rompre la silencieuse résignation particulière aux musulmans.

Quand les parents et les amis qui l'entouraient virent que son dernier moment approchait, ils se

mirent debout, et, l'index levé au-dessus de leur
tête, épièrent son dernier souffle, afin de prononcer sur lui la formule sacramentelle du *cheheut*
(témoignage ou profession de foi) : « La Allah,
illa Allah, Mohammed rassoul Allah. »

Ahmed et Saïd ne pouvaient contraindre leur
douleur ; leurs sanglots, vainement comprimés,
éclataient sourdement.

Othsman, le premier, leur avait mis un fusil
entre les mains ; Othsman les avait conduits, le
jour et la nuit, dans ses chasses aventureuses.

Saïd, les yeux tournés vers son père, disait par
moment, en montrant Aïcha :

— Veux-tu que je tue cette femme ?...

Le moribond fit un effort, la profession de foi
musulmane expira sur ses lèvres, mais l'assistance la prononça à deux reprises...

Othsman n'était plus qu'un cadavre.

Abd-el-Melk emmena Saïd ; mais Ahmed, se
jetant sur la natte et découvrant le visage de son
oncle, y imprima ses lèvres à plusieurs reprises,
l'appelant des noms les plus doux :

— O mon oncle ! ô mon ami ! ô mon père ! je
t'ai défendu de la panthère : pourquoi meurs-tu ?...
Aïcha a donc été plus cruelle que les lions et les
panthères ?... A-t-elle caché sous ton oreiller le
scorpion qui tue ?... O mon ami ! ô mon père !...
Dans les combats, quand parlait la poudre, tu
marchais devant moi ; dans les fêtes, tu me lais-

sais te devancer ! Ton fusil était le mien, comme
ton sang le mien. O mon ami ! ô mon père !...

Les femmes qui devaient laver le corps s'approchant, Ahmed renferma ses lamentations.

Un des attributs de la virilité chez ces peuples
énergiques, c'est un masque d'impassibilité.

Quand le corps eut été lavé, il fut emmailloté
dans une pièce entière de coton, et lié au moyen
d'un *garneb* (corde de laine) sur une planche prise
parmi celles qu'un récent naufrage avait jetées
sur la plage voisine.

Abd-el-Melk et ses fils servaient aux convives
accourus de tous côtés le dîner des funérailles.
Puis les femmes portèrent le corps à quelques pas
du gourbi, et les pleureuses commencèrent leurs
funèbres lamentations.

Rangées en cercle, leurs cheveux dénoués,
elles battaient en cadence la terre de leurs pieds,
en portant ensemble leurs mains au visage. Les
proches parentes se déchiraient les joues ; mais
on remarqua que la veuve ne portait pas la douleur jusqu'à cette exagération.

Toutes entrecoupaient de sanglots plus ou
moins sincères leur triste mélopée.

L'une d'elles appelait le défunt d'un nom d'é-
loge ou d'amitié, et les autres répétaient en
chœur :

— Ya ! sidi ! (Hélas ! maître).

— Ya ! sahabi ! (Hélas ! mon ami).

— Ya! habibi! (Hélas! mon chéri).

Quelquefois, suivant le même rhythme, l'une des pleureuses brodait un thème sur les vertus du mort.

— Il était calme et intrépide!

Doux et fier!

Serviteur de Dieu!

— Hélas! sa porte était toujours ouverte!

Son fusil mortel à l'infidèle!

Ses champs toujours fertiles!

Son troupeau toujours fécond!

Ya! sidi!... Ya! sahabi!... Ya! habibi!...

Rien n'est plus touchant que cette poétique oraison funèbre jetée, ou plutôt chantée aux échos des bois et des collines!

Souvent, attiré à de pareilles cérémonies par leur lointain retentissement, nous les avons écoutées, retenus par un charme particulier, et toujours avec émotion.

Les funérailles d'Othsman se ressentaient d'ailleurs des circonstances qui avaient amené sa mort.

Pendant les interruptions qui coupaient le chant, l'une des femmes, s'adressant directement à Aïcha, lui criait à haute voix :

— Mais pourquoi l'as-tu tué?

A cette interpellation, qui lui revenait comme un refrain, Aïcha répondait sur le même ton :

— Pourquoi l'aurais-je tué?

Les chefs de la tribu assistaient au repas funèbre. Abd-el-Melk ne leur cacha pas ses soupçons à l'égard de la femme d'Othsman.

— Moustapha sait la vérité, ajouta-t-il, mais il
ne veut pas parler.

L'un des assistants proposa alors d'en référer à
un marabout savant et vénéré, au Sid-ben-Merad.

Le *djebana* (1) des Abd-el-Melk étant situé sur
un plateau éloigné, au pied du Djebel-Guerbès,
le corps d'Othsman, soutenu par ses deux neveux,
fut placé sur le mulet qui, l'avant-veille, l'avait
rapporté de la chasse.

Les proches parentes suivent ordinairement le
convoi, et le corps est transporté sur les épaules
des amis de la famille ; mais, à cause de l'éloignement du lieu de repos qui devait recevoir Othsman, et aussi parce que de froides ondées tombaient depuis la nuit, la famille Abd-el-Melk et
quelques-uns des convives accourus à la *diffa*
(repas) mortuaire suivaient seuls.

Ahmed et Saïd avaient eux-mêmes creusé la
fosse. Dans le fond, ils avaient disposé les tiges

(1) Cimetière de famille. — Les cimetières des tribus sont
ordinairement placés sur les hauteurs, à l'ombre de quelques
oliviers séculaires. On les reconnaît aux grosses pierres qui
hérissent le sol, mêlées aux branches de genêts épineux, destinées à repousser les profanations des chacals et des hyènes,
et encore aux poteries noircies pieusement déposées au-dessus des fosses.

tendres des myrtes odorants ; le corps y fut déposé et couvert de feuilles d'aubépine.

Cela fait, les assistants prononcèrent ensemble
la prière des morts et reprirent le chemin de leurs
demeures.

— Othsman, dit l'un, au moment de se séparer
des Abd-el-Melk, a tué trois panthères ; la qua-
trième l'a tué.

Le jeune Saïd répondit :

— Ce n'est pas la panthère, dit-il avec colère,
Othsman en eût tué dix comme cette dernière ;
c'est une impudique, une empoisonneuse, qui l'a
tué ! Oh ! que sa mort serait vite vengée, si
Moustapha voulait me répondre !

— Qu'avons-nous besoin d'un Roumi pour
savoir la vérité ? dit l'un des parents ; allons au
Djenen-Dib (1) trouver Ben-Merad.

Ce jardin, enceinte isolée, formée d'épais buissons d'églantiers touffus et épineux enfermant
des figuiers et d'autres arbres à fruits, était à une
heure de marche du lieu où l'on se trouvait.
Quelques-uns des assistants suivirent cependant
jusque-là.

Le marabout Ben-Merad, par une honorable
exception, ne ressemble pas à ces prétendus religieux qui regardent comme des priviléges de leur

____

(1) Jardin du chacal.

sainteté la saleté de leurs vêtements et le cynisme de leur conduite. Ses triples burnous sont d'une netteté remarquable, et toute sa personne respire une distinction particulière.

Sans cesser de faire passer entre ses doigts les grains d'ébène de son chapelet, il écouta attentivement le récit des Abd-el-Melk, et, après qu'on eut attendu avec respect le résultat de ses réflexions, il se leva et dit avec gravité :

— Demain, Othsman répondra lui-même. Vous irez tous au djebena de vos pères ; vous ouvrirez la fosse d'Othsman ; et toi, son frère, tu prendras sa barbe dans ta main, et si, malgré tes efforts, la barbe résiste ; si ses dents ne s'ébranlent pas dans sa bouche, c'est qu'il est mort naturellement et par la volonté de Dieu.

Tous, ayant baisé les pans de son burnous, se retirèrent (1).

---

(1) Les Arabes sont prodigues de ces marques de déférence pour leurs chefs et leurs marabouts, mais ils les craignent plus qu'ils ne les respectent.

Sous le régime turc, c'est-à-dire avant que les kaïds et les cheiks ne devinssent les délégués directs de l'autorité française, qui exerce, à leur égard, une active surveillance, les chefs de tribu jouissaient, comme les seigneurs du moyen âge, d'un pouvoir discrétionnaire. Les marabouts, comme les moines mendiants, n'étaient pas les moins avides.

M. Zill a pu recueillir, en 1845, une chanson émanée sans doute de quelque Béranger de la plaine, et restée dans la mémoire d'un chanteur ambulant, *Bou-Ilhoul*, homme au voile, à

Le lendemain, les Abd-el-Melk et leurs amis suivirent à la lettre les étranges prescriptions du marabout. Mais, à leur grand étonnement, et, sans doute, malgré leurs efforts, rien ne révéla que la mort d'Othsman fût le résultat d'un crime.

Aïcha avait tout su ; elle attendait les parents de son mari, le sourire sur les lèvres.

— Direz-vous encore, leur cria-t-elle du seuil de la maison, que j'ai empoisonné le père de mes enfants ?

— Tais-toi, cahba ! lui répondit Saïd avec un geste de menace, et va-t'en !

cause de l'habitude qu'ont les gens de cette profession de se couvrir le visage d'un pan du haïk.

Peut-être ne lira-t-on pas sans intérêt le spécimen de la verve satyrique de ce frondeur de l'époque :

COUPLET DU KAÏD.

> Le kaïd est un homme fastueux ;
> Il porte un caftan brodé d'or,
> Par-dessus deux burnous du Djérid,
> Un chachia (A) de Tunis
> Enroulé d'un turban de Stamboul.
> Son chaouch (B) porte un dur bâton ;
> Il empoche les douros du beylik,
> Enlève nos bœufs, mange nos grains
> Et caresse nos femmes.
> Ah ! que je voudrais bien être kaïd !

(A) Calotte de laine rouge.
(B) Le chaouch remplissait, auprès des grands dignitaires, les fonc-tions auxquelles Louis XI employait Tristan l'Ermite.

— C'est bien, dit Aïcha ; je vais rentrer chez mon frère, et c'est lui qui me vengera... Il aura bien de quoi payer cinq fois la *dia* (prix du sang),

COUPLET DU CHEIK.

Le cheik est un grand personnage,
Bien que son père ne fût qu'un khammès (c).
Lui-même a gardé les vaches
Au bord du ruisseau voisin.
Il n'avait qu'une moitié de chemise, un soulier entier,
Un burnous mainfes et maintes fois rapiécé.
Aujourd'hui, il fait labourer vingt gebdas (D),
Mais avec nos bœufs, avec nos charrues ;
Il ensemence avec les grains du hokor (E).
Ah ! que je voudrais être cheik !

(c) Cultivateur qui a un cinquième du produit.
(D) C'est, dans ce sens, un attelage de bœufs employé pendant une saison.
(E) Impôt en nature perçu par le gouvernement sur les récoltes. C'est le cheik qui reçoit le premier et verse ensuite entre les mains du kaïd.

COUPLET DES MARABOUTS ET DES DERVICHES.

Les derviches et les maraboutins
Sont d'une extrême piété !
Ils prient beaucoup et mangent davantage !
Autour du col un long chapelet,
Sur le dos une large besace.
Ils préfèrent le blé à l'orge.
Pourquoi reste-t-il si peu de grains dans le kabouch (F) ?
Pourquoi si peu de beurre dans la peau de bouc ?
C'est qu'aux saints tout est bon !
Ah ! que je voudrais être marabout ou derviche !

(F) Le kabouch est une jarre en terre durcie, dans laquelle le blé est enfermé après qu'il a été tiré du silos pour les besoins journaliers.

et vous n'êtes plus que cinq, vous, les Abd-el-Melk...

Le bureau arabe de Bône eut plus tard à connaître de cette affaire ; nous ne savons quelle décision intervint. Mais les Abd-el-Melk sont restés les héritiers par le droit du plus fort. Ils ont cependant recueilli les enfants du malheureux Othsman ben Braham-Abd-el-Melk.

Juillet 1849.

LA PANTHÈRE

Moins commune que le lion dans le reste de la province de Constantine, la panthère se rencontre cependant en assez grand nombre dans les massifs boisés de la côte. Elle y poursuit les sangliers, grands mangeurs de glands, et en sort quelquefois pour gagner les pâturages couverts où s'aventure le bétail.

La panthère n'a pas les allures ouvertes et fières du lion qui se montre au grand jour avec la tranquille confiance de la force. Elle rampe sournoisement le long de la lisière des bois, s'embusque dans les buissons épais ; elle ne se montre guère que lorsque, bondissant hors de son repaire, elle se jette sur sa proie. Parfois même,

comme les jaguars du Nouveau-Monde, elle se
tapit dans les grosses branches des chênes-liéges,
et y établit son poste d'affût. Comme le lion, cependant, la panthère n'attaque l'homme que pour
se défendre, ou lorsqu'elle est malmenée et traquée par les chiens ; car, malgré son agilité pro-
digieuse, ses griffes plus acérées que celles du
lion et ses crocs redoutables, elle se dérobe devant
les chasseurs et les chiens.

Il est à remarquer que les chiens de toute race
que l'on a conduits une fois à cette chasse finis-
sent par y apporter un entrain et un courage
merveilleux. Ils se rebutent sur le pied du lion,
mais empomment avec feu la voie de la panthère
et semblent retrouver, dans sa poursuite, les premiers instincts de leur race, justifiant ainsi le
proverbe : *Se détester comme chiens et chats.*

On ne rencontre donc presque jamais la panthère, à moins qu'on ne l'affûte ou qu'on ne la
traque.

Dieu sait, cependant, combien de fois les chasseurs qui battent les fourrés ont dû passer, sans
s'en douter, auprès de ce magnifique mais peu
commode gibier.

Il arrive assez souvent que, chassant le sanglier, on fait débucher un lion ou une panthère.
C'est une bonne fortune quand le tireur est sûr
de son arme et de sa main.

Elle est échue deux fois, en peu de temps,

aux membres de notre société de Saint-Hubert.

Il y a deux ans, Toni Stutter, notre piqueur, tirant au juger devant la meute, abattit dans un ravin, non loin de la Pépinière, une panthère adulte que les chiens avaient débusquée.

Dernièrement encore, notre chef veneur, M. de Bouyn, entendant les chiens aux prises avec un animal qui faisait tête, se glissa, non sans peine et sans accrocs, au fond d'un ravin, et y trouva, non un vieux solitaire, comme il s'y attendait, mais une panthère qui, acculée sous un énorme genêt épineux, jouait de la griffe contre les plus hardis de ses assaillants. La bête se trouvait sous son fusil ; il n'hésita pas, et, percée de deux balles, elle expira sur ses fermes.

Je ne conseillerai pas cependant à des chasseurs novices de tenter une pareille aventure, à moins cependant que, par faveur spéciale, ils ne soient sûrs de jouir de l'immunité dont fut couvert un jeune berger de la ferme Termignon, à Saint-Antoine, en 1848. On l'avait armé d'un fusil de munition, sans doute dans le seul but d'intimider les maraudeurs. Tout à coup, une panthère fait irruption au milieu du troupeau ; le berger accourt : — Veux-tu lâcher ? crie-t-il en ramenant l'arme de derrière ses épaules entre ses mains ; et, comme l'animal de proie, accroupi sur la victime, s'occupait peu de lui, il lui lâche dans la tête son coup de feu. La panthère expira en dé-

chirant de rage la chèvre qu'elle avait saisie.
Tout ému de l'aventure, le jeune berger, sans
regarder derrière lui, accourut chez son maître
et raconta, en pleurant, qu'une vilaine bête avait
dispersé le troupeau et tué sa plus belle chèvre.
On se rendit sur les lieux, et le fermier se trouva
bien payé par la riche compensation que lui donnait le hasard.

Autrement en arriva à un berger arabe des environs de l'Oued-Goubi ; celui-ci était un homme
fait. Armé d'un fort bâton, espèce de massue légère, appelée *matraque* dans le pays, il tombe à
bras raccourci sur une panthère qui avait saisi
une chèvre ; mais elle fait volte-face, se dresse
sur ses jarrets, et, l'accrochant par la nuque, lui
déchire, d'un seul coup de griffe, les muscles
occipitaux et la jugulaire ; puis, négligeant
l'homme, elle s'enfuit dans le fourré voisin, y
entraînant sa proie.

C'est donc toujours courir une chance périlleuse que de tirer une panthère ; mais son beau
pelage est si attrayant, elle donne une si splendide
dépouille à suspendre à un trophée cynégétique ;
c'est un si beau et si utile coup de fusil, que peu
de chasseurs, je crois, fussent-ils des plus pru-
dents, laisseraient l'occasion se présenter sans
tenter de la saisir.

Je l'ai éprouvé par moi-même. Je campai, il y a
cinq ans, sur un plateau limitrophe de la forêt

dite Bergouga, aux abords d'un sentier qui conduit à Jemmapes. C'était en novembre. Aux premiers rayons du soleil, je m'étais mis en quête
de bécasses, lorsque mon chien s'arrêta tout à
coup, la tête immobile, la queue basse et tremblant sur ses jarrets.

Je me hâtai de faire basculer mon Lefaucheux
et de remplacer, par deux balles cylindriques, mes
cartouches de petit plomb. — Le fusil à bascule
est vraiment l'arme des chasses d'Afrique. Si elle
n'existait pas, il faudrait l'inventer pour elles.

J'avais fait ma manœuvre en même temps que
trois pas en avant, lorsque, levant les yeux, je
vis, sur l'arête d'un rocher, à quinze pas, étendue
en plein soleil, une panthère dans l'attitude d'un
sphinx d'Egypte. Nos regards se rencontrèrent,
et je mis le fusil à l'épaule : si prompt que fût
mon geste, la panthère bondit de côté, s'enlevant
sur elle-même, et disparut dans le fourré avant
que je pusse presser la détente. Je pris sa place
sur le rocher ; mais vainement je fouillai de l'œil
les sentiers et les éclaircies : elle avait, comme
d'habitude, dérobé sa fuite sous les couverts les
plus étroits.

Quand les indigènes connaissent un passage
fréquenté par la panthère, ils creusent à proximité un trou assez profond pour qu'un homme
puisse s'y loger jusqu'aux épaules et s'y accroupir ; puis ils disposent au-dessus de fortes bran

ches et des broussailles, de manière, cependant, à ce que le chasseur puisse user de son arme dans les meilleures conditions possibles, puis il attend. Aussitôt son coup de feu tiré, il se replie au fond de sa cachette, et, pour le cas où la bête, blessée, chercherait à déranger son abri, il use, en tirant de bas en haut, d'un pistolet chargé d'une double balle ou de chevrotines. Mais il ne sort de sa cachette que longtemps après s'être assuré que la panthère est morte ou s'est enfuie.

On use aussi du même système d'embuscade à l'égard du lion. Il est rare qu'avec ces mesures de prudence, un accident soit à redouter. On m'a raconté, cependant, qu'un affûteur accroupi dans son trou vit s'écrouler sur lui la toiture qui lui servait d'abri, et l'auteur du sinistre n'était autre que la panthère affûtée. Heureusement que, non moins effrayée que son ennemi, et laissant celui-ci accablé sous le poids du branchage, elle se hâta de s'élancer en dehors du réduit souterrain.

Néanmoins, on a pu voir, d'après le récit qui précède, que quelques Arabes, ne craignaient pas d'attaquer la panthère en plein jour et de vive force. Les chiens qui les secondent dans les chasses périlleuses sont les mêmes qui gardent leurs bestiaux et leurs gourbis. Ils sont, comme je l'ai dit plus haut, très-intrépides et très-hardis dans l'attaque de la panthère, et il est rare que quelques-uns ne soient pas victimes dans chacune de ces rencontres.

Un fait tout récent démontrera aussi non-seulement le danger d'affronter une panthère blessée fortuitement, mais aussi donnera un exemple du dévouement dont peuvent faire preuve, à l'égard les uns des autres, quelques indigènes doués d'une nature énergique. J'en emprunte le récit à une lettre adressée de Bou-Saâda aux journaux de Constantine.

Le 28 décembre dernier, Mohamed ben Bakri, campé sur les terrains rocailleux du Bechil-Ga, avait quitté sa tente de grand matin pour se rendre à son champ, situé à quelque distance. Au détour d'un sentier, il se trouva tout à coup en face d'un animal de forte taille, blotti contre un rocher. Dans la demi-obscurité qui restait encore, il le prit d'abord pour une hyène, et, s'arrêtant, se disposait à lui envoyer une balle, mais il n'avait pas encore mis en main le fusil qu'il portait en bandoulière, que déjà l'animal l'étreignait entre ses puissantes griffes.

C'était une énorme panthère.

Mohamed ben Bakri, doué d'une force peu commune, saisit la bête à la gorge et lui fait lâcher prise, en même temps qu'il appelle au secours avec des cris désespérés. Quelques bergers qui se trouvaient aux environs accourent en toute hâte; mais déjà la panthère avait repris le dessus sur son antagoniste, qu'elle traînait dans la poussière en le déchirant à belles dents. Un des survenants, le nommé Zeïdi, s'approche avec intrépidité de ce gouffre informe, et décharge à bout portant son pistolet sur la panthère, aussitôt qu'elle lui offre prise. Celle-ci, alors, abandonne Mohamed ben Bakri et se rue sur ce nouvel adversaire, qu'elle culbute ; la tête de Zeïdi disparaît dans la gueule de l'animal, dont les griffes lui ouvrent le corps et lui déchirent les membres.

Alors arriva le nommé Moui ben Ahmed, armé d'un fusil. Il fait feu à son tour, et la panthère, que cette deuxième blessure ne fait qu'exaspérer, lâche Zeïdi, dont elle a fait une masse inerte, pour se jeter sur Moui ben Ahmed, qu'elle terrasse d'un seul bond. En ce moment, un troisième coup de feu retentit : c'est le nommé Bouakeur, que n'a pas effrayé le sort de ses trois compagnons, et qui est venu bravement leur porter secours. La panthère, furieuse et acharnée, perdant son sang par une troisième blessure, lâche un instant Moui ben Ahmed, elle va s'élancer sur Bouakeur ; mais ce répit a suffi à Moui pour tirer son couteau et le plonger dans le cœur de l'animal, qui tombe comme foudroyé sur les corps de ses victimes.

Mohamed ben Bakri, Zeïdi, Moui ben Ahmed, furent transportés à leurs tentes par leurs voisins accourus au bruit des coups de feu.

L'intrépide Zeïdi, horriblement maltraité, est mort le lendemain ; les deux autres, blessés, quoique grièvement atteints, paraissent devoir se rétablir.

Heureusement, toutes les rencontres du même genre n'ont pas les mêmes funestes conséquences.

Répétons-le donc pour les chasseurs novices : s'ils tirent une panthère, il faut que leur cœur soit calme et intrépide, leur main ferme, leur coup d'œil assuré et leur arme fidèle ; la blesser, mortellement même, ne suffit pas : il faut que la bête soit foudroyée pour qu'ils ne courent point de grands dangers.

Nous conseillons de plus d'avoir toujours en réserve une cartouche armée de la balle explosive de Devisme, projectile dont nous avons pu éprouver l'effrayante puissance.

Nous avons dit ailleurs que le fusil Lefaucheux ou tout autre se chargeant par la culasse est l'arme indispensable du chasseur en Afrique. Qu'on ne l'oublie pas !

LE LION

Nous allons étonner plus d'un de nos lecteurs
en disant que le lion d'Afrique n'est pas ce qu'un
vain peuple pense. On nous a fait sur sa majesté
léonine des récits empreints d'une exagération
évidente, et il me semble temps de parler un peu
prose après tant de poésie.

Certes, le lion a tout ce qui fait un aspect imposant : allure assurée, port de tête altier, face
virile et calme, des yeux fauves luisant comme
du cuivre poli frappé par le soleil, lèvres fortes et
mobiles, bouche admirablement armée, épaules
herculéennes, musculature d'airain, le tout appuyé sur des jambes et des pieds flexibles armés
de lames d'acier. Les aspirations de sa forte poi-

trine sont rauques et sonores ; ses rugissements
nocturnes, appels d'amour, retentissent au loin.

Si, à cet aspect imposant, à cette puissance
physique, à ces armes redoutables, le lion joignait
un peu de la déraison et de la méchanceté humaines, il serait le plus redoutable des êtres ; mais,
loin de là, il est débonnaire parce qu'il est fort.
L'instinct de sa puissance fait le calme de son
caractère. Il n'a, comme nous l'avons, ni la volonté de nuire, ni l'orgueil de la force, ni le besoin
de domination. S'il tue, non ses semblables, mais
les animaux nécessaires à sa subsistance, c'est
qu'il obéit à une nécessité de nature, et non,
comme l'homme, pour se faire gloire de beaucoup
d'égorgements. Quand il a saisi sa proie, il cesse
d'immoler des victimes ; un troupeau passerait à
portée de ses griffes puissantes, sans qu'il daignât
y regarder.

Le lion est donc nuisible seulement parce que,
en sa qualité de monarque, il prélève sur nos
campagnes un tribut d'autant plus ample que sa
dynastie est plus nombreuse, ce qui nous appau-
vrit d'autant.

C'est, en effet, un indiscret et rude commensal
que ce messire, accompagné le plus souvent de sa
lignée, ayant comme lui dents et ongles. La
lionne élève chaque année deux lionceaux, et le
père ne les quitte qu'alors qu'ils peuvent se suffire.
Jusque-là, il est leur pourvoyeur assidu et leur

donne les premières leçons de chasse. Quand un douar se trouve dans le voisinage du royal repaire, il compte chaque jour une tête de moins dans le gros bétail, ou une absence parmi les bêtes de somme.

Nous faisons donc bien de nous en défendre et de le tuer comme un maraudeur émérite ; mais c'est tout. Avons-nous le droit de l'appeler féroce lorsque, blessé dans une embuscade nocturne, ou entouré d'ennemis, il se défend contre une dernière atteinte et ne veut pas mourir sans vengeance ? Si, par aventure, un homme obéit à ce double sentiment, on l'applaudit de son héroïsme et nul ne songe à l'accuser de férocité. C'est à ce propos, cependant, que nous avons à combattre le préjugé adopté : le lion, comme tout autre animal, fuit sous l'atteinte de la douleur et n'attaque qu'alors qu'il veut se frayer une issue de vive force, ou que, gravement blessé, il se défend contre l'auteur de son agonie.

Laissons cependant à Gérard, à son successeur Chassaing, à Bombonnel et à leurs nombreux émules le mérite de leurs exploits. Ils ont longue patience, énergie et courage, le tout employé à un but utile ; mais avouons aussi que le lion paie un peu cher le péché de paresse qui lui fait préférer les proies faciles, telles que bœufs et chevaux, aux bêtes de chasse, telles que le sanglier, assez abondant en Algérie pour satisfaire à ses royaux appétits. Sans compter que, ce faisant, il rendrait service à nos colons, dont les récoltes ont trop souvent à souffrir de l'invasion de ces gloutons.

Donc, s'il était plus intelligent de son rôle, le lion serait le plus beau et le plus utile de nos amis. Mais, hélas! ses premiers instincts se sont, comme chez l'homme, pervertis par l'abus de la force, et il paraît n'avoir plus conscience du rôle utilitaire que la Providence lui avait donné. C'est contre les faibles, les bestiaux nourrisseurs et compagnons de l'homme, qu'il exerce ses rapines et fait ses premières armes.

Je vais entrer dans l'historique de quelques faits dont je me suis trouvé le plus souvent témoin, et tous confirmeront la monographie que je viens d'ébaucher.

Par un jour d'ouverture (c'était en 1851 ou 1852), nous étions partis de Philippeville peu après deux heures du matin, et nous suivions à pied, afin de soulager les attelages, la rampe d'El-Dis qui conduit chez notre vieil hôtelier, Pascal Bugelli ; les voitures, lanternes allumées, nous précédaient, et les chiens, descendus avec nous, étiraient leurs jambes, jusque-là gênées sous les banquettes. La nuit était obscure et calme, les étoiles pâlissaient, mais le jour ne se faisait pas encore. Aucun bruit, si ce n'est le souffle des chevaux et le crépitement des roues

sur le gravier de la route. Soudain un cri étouffé
se fait entendre... On suppose que l'un des chiens
a été atteint par une roue de voiture : chacun appelle, mais il était difficile de distinguer et de
compter dans l'obscurité toute une meute.

Arrivés chez Pascal, nous combattons, selon
l'habitude, par une infusion de café à la maltaise,
les humides émanations de la nuit, et, l'aube hâ-
tive du ciel d'Afrique s'éclairant comme au lever
d'un rideau, on se hâte de procéder à l'appel des
chiens. Deux, et des meilleurs, appartenant, par
fatalité singulière, à l'un de nos amis, A. de
Boisson, ne se présentèrent pas. Pour la première
fois, ils paraissaient sourds à sa voix. On s'in-
quiète. Quelqu'un rappelle alors le cri de douleur
entendu à la montée d'El-Dis, et Rouden, qui,
pendant l'ascension, était demeuré sur la première voiture, nous dit que, s'étant placé *(flebo
tomando)* sur le marche-pied, il avait vu se lever,
aux bords de la route, un animal à formes in-
décises, qui avait brusquement secoué la tiède
rosée dont il avait reçu les atteintes.

Prendre nos armes, les charger à balle et courir sur le lieu de l'accident fut l'affaire de quelques minutes. Nous y entendîmes une double
plainte, un cri d'angoisse, un râle d'agonie.

Sur le revers de la route, aux pieds d'un lentisque, le brave *Pluton*, le flanc entr'ouvert, ex-
pirait, et son maître recueillit son dernier souffle.

A quelques pas plus loin, l'autre gisait, saigné à la gorge et l'épine dorsale brisée.

Ce double meurtre criait vengeance ; on fouilla à grands cris les broussailles voisines, poussant la provocation jusqu'à cribler de pierres celles inaccessibles ; mais le coupable demeura impassible et ne se montra même pas après une décharge générale de nos armes dans le plus épais des fourrés ; si bien que nous eussions douté de sa présence et de son espèce, si M. Béchu, allant en chasse accompagné d'un superbe épagneul, et passant, peu d'instants après, sur les mêmes lieux, n'avait vu son chien enlevé par un lion à peine adulte. C'était un rude et intrépide chasseur que M. Béchu, et plusieurs fois il avait fait pareille rencontre sans s'émouvoir ; mais l'attaque et la fuite furent si promptes, qu'il en fut ébloui comme par le passage d'un éclair ; il avait à peine épaulé que le ravisseur et la proie avaient disparu.

Ce même ravin d'El-Dis, alors vierge de tout défrichement, avait de profonds couverts hantés par toute une famille de lions. J'ignore si l'un d'eux, qui tomba, quelques mois après, sous la balle de M. Potiers, était notre canivore, mais je ne puis résister au plaisir de citer ce beau coup de fusil.

Vers les cinq heures du soir, une femme accourait au-devant de deux chasseurs qui chemi-

naient sur la grande route après avoir dépassé le
blockaus de la plaine, et leur annonçait qu'un
lion se tenait, à une centaine de mètres, couché
en travers du chemin. Tous deux marchent réso-
lûment vers le point indiqué. L'un, M. Simonet,
suit la route même, et Potiers les bords ; le premier il aperçoit le lion et, profitant de ce que son
attention se portait sur Simonet, l'ajuste et fait
feu. L'effet fut foudroyant. L'animal bondit sur
lui-même et raidit ses membres dans une seule
convulsion. Je l'ai vu et touché encore chaud.
C'était une lionne de deux ans. Une petite balle
calibre 20, tirée de haut en bas à quinze mètres,
avait pénétré au-dessus de l'épaule droite, traversé obliquement les poumons et le cœur, et se
logeait entre les côtes du côté droit.

Puisque mes souvenirs me reportent à cette
époque déjà éloignée, qu'on me permette de remonter de quelques années au-delà. C'était en
1843 ; j'y retrouve une véritable escroquerie
léonine.

A cette époque, le défilé d'El-Dis était gardé
par un blockaus qui servait d'abri à une trentaine
d'hommes commandés par un lieutenant. On faisait bonne chère dans cette garnison. Un mouton
ne coûtait que trois francs, un sanglier cinq francs
au plus ; ainsi du reste, volaille et gibier.

Un hameau s'était rapidement élevé sous la
protection et sous la main de ce poste militaire.

On y trouvait boulangerie, épicerie et buvette.
A ce point extrême de l'étroite banlieue alors as-
signée à la colonie française, les chasseurs de
Philippeville devaient arrêter leurs excursions.
Il était défendu d'aller plus loin sans escorte. Les
chasseurs avaient beau prétendre qu'ils s'escor-
taient eux-mêmes, la règle était inflexible. Notre
plus longue course ne pouvait dépasser le huitième kilomètre.

Heureusement pour nous, le lieutenant commandant alors le blockaus était jeune, avenant,
et pensait qu'il est, avec la discipline comme avec
le ciel, des accommodements. Il aimait l'Algérie
non-seulement comme le champ prévu de sa carrière militaire, trop courte, hélas! puisqu'il fut une
des victimes de nos expéditions, mais encore comme l'aiment tous ceux qui ont vu la splendeur de
ses jours, la beauté sereine de ses nuits, les riches-
ses de son sol, les émotions de sa vie. De plus, il
l'aimait en chasseur enthousiaste. Aussi faisait-il
avec empressement les honneurs de sa résidence
à ses confrères en saint Hubert, et fermait-il les
yeux lorsque quelques-uns de nous, enjambant
l'ordre de la place et la limite marquée, sortaient
du rayon de la surveillance officielle. D'autres
fois, loin de nous consigner en lieu sûr dès que
battait la retraite, en nous obligeant, selon l'ordre, à prendre gîte sur le lit de camp du blockaus, il prenait lui-même sa place dans nos affûts

nocturnes. C'est un incident de l'une de ces nuits que je vais raconter.

Depuis longtemps, un lion s'était montré aux environs du gourbi qui servait d'abattoir et de boucherie à la garnison. On l'avait vu, bien vu. Par une nuit bien noire, le chien du lieutenant, attaché dans l'enceinte du fossé, avait disparu, et l'on ne doutait pas que l'incommode voisin ne fût l'auteur du méfait. Chaque nuit on entendait ses rauques jappements, car le lion en quête jappe réellement, mais par saccades brèves, sourdes et séparées par de longs intervalles. On avait remarqué qu'au sortir de la forêt voisine, il suivait un petit ravin situé à un demi-kilomètre environ du blockaus, et, de là, traversant la route de Constantine, commençait ses chasses nocturnes. C'est à ce défilé que nous résolûmes de l'attendre, et, les places ayant été tirées au sort entre huit que nous étions, chacun prépara dans l'après-midi son affût de la nuit de manière à atteindre le fond du ravin par un feu plongeant, à vingt mètres du sentier coupé de myrtes et de genêts qui était la passée habituelle.

A neuf heures du soir, après un souper de chasseurs, c'est-à-dire des plus rustiques, nous nous acheminâmes ensemble, et chacun prit son poste. La nuit était obscure ; on se plaça en tâtonnant ; mais la lune devait se lever dans une demi-heure. Déjà une teinte de jaune pâle bordait à l'est les crêtes des montagnes, et, peu à peu, ciel et terre furent éclairés par cette lueur de nacre et d'opale si douce aux yeux.

Comme s'il eût attendu ce moment, le lion se mit en quête ; nous entendions ses notes graves vibrant au niveau du sol, de sorte que chacun de nous s'attendait à le voir paraître sur l'un des détours du sentier du ravin... Tout à coup, deux fortes détonations retentissent et sont accompagnées du bruit mat que produit un projectile sur l'objet atteint. Puis il se fait un grand silence.

Selon ce qui avait été convenu, chacun demeure immobile à son poste ; mais l'impatience gagne le chasseur le plus voisin de celui qui avait tiré. Le groupe des autres se forme autour de lui, et lui, montre, non sans orgueil, une masse fauve étendue sur le sentier...

On attendit encore un quart-d'heure qui parut éternel ; puis les plus hardis s'approchèrent.

De grands éclats de rire firent retentir l'écho du ravin : sur le sentier gisait, traversé sur l'un de ses côtés et le fond, une brouette neuve.

Voici comment elle y était venue : le lieutenant, pensant qu'il serait commodément assis s'il pouvait se placer dans ce véhicule, avait, avant dîner, donné mission à son soldat de transporter la brouette au poste qui lui avait été désigné ; mais, rebuté sans doute par les difficultés d'y parvenir, celui-ci l'avait laissée sur le sentier, et le lieutenant avait dû, comme nous, faire sa veillée debout.

Nous rentrâmes très-égayés de cet incident, et le lit de camp nous servit de couche.

Le matin, à notre réveil, une autre mésaventure nous attendait. Le cuisinier arriva tout effaré, criant que le lion avait décroché, dans le gourbi ouvert qui servait de boucherie, un mouton tout entier, dépouillé la veille. On cria haro sur le voleur, et, après avoir changé les amorces des fusils, on courut à la recherche de notre déjeuner si gravement compromis. Le larron avait franchi le ruisseau et le ravin d'El-Dis, et nous ne trouvâmes d'autres traces que l'empreinte, sur les bords de la route, des reins nus du mouton, et quelques traînées de sang sur les pieds de myrte.

Telles furent les premières impressions que me donnèrent, dès mon arrivée, les habitudes et les allures des lions d'Afrique. L'on a pu voir qu'elles ne ressemblent guère aux terribles descriptions des historiographes habituels, flatteurs invétérés de toutes les majestés.

Une aventure postérieure confirme ces prémisses.

Nous revenions, M. Maurice et moi, d'une chasse à l'oued Zerga (aujourd'hui Saint-Charles), précédant de trois ou quatre kilomètres une voiture qui ramenait d'autres chasseurs, et, gravissant au pas la rude pente de la route, devait nous prendre chez Pascal Bugelli. Celui-ci nous apprit qu'un lion venait de passer, se dirigeant parallèlement à la route. Nos fusils étaient chargés à double balle, nous résolûmes de gagner l'avance sur la voiture. A peu de distance, je crus distinguer, dans le ravin, un bœuf au jaune pelage, que je fis remarquer à mon compagnon ; et celui-ci répondit :

— Belle aubaine pour le lion !

Quelques minutes après, étant arrivés à la descente rapide qui conduit au bas du plateau, nous nous arrêtâmes pour attendre notre voiture. Un quartier de rocher était là ; nous y appuyâmes nos fusils, après les avoir désarmés, et nous nous mîmes à deviser sur les incidents de la journée. Il y avait de quoi ! Les chiens courants, de pied à pied, nous avaient fait tuer dix-neuf lièvres...

Un bruit se fait subitement entendre, les pierres roulent sur l'accotement de la route ; au même instant, un lion de la plus belle venue se montre sur les bords, un peu à droite du rocher qui nous servait d'étape. Ses regards se croisent avec les nôtres. Épauler et le tenir en joue fut l'affaire d'une seconde ; mais il n'en fallut pas davantage au lion pour, d'un premier bond, s'élancer au milieu de la route, et, du second, gagner la profonde broussaille qui garnissait le ravin. Il disparut.

— Pourquoi, dis-je à mon compagnon, n'avez-vous pas tiré ?

— Et vous ?

— Moi, je ne sais ; je crois avoir pressé la détente.

Tous deux nous avions oublié que nos fusils avaient été désarmés peu de minutes auparavant.

La voiture arriva, et M. Maurice perdit tout à coup connaissance après y être monté. Un peu de cognac aspiré et bu lui rendit ses sens. Tant qu'il vécut, il n'a pu expliquer ce qu'il avait éprouvé. Certainement, ce ne fut pas un sentiment de crainte, car nous étions épaule contre épaule lorsqu'il ajusta le lion, et je puis dire que son attitude était aussi ferme que celle du rocher auquel il se trouvait appuyé.

Nos chasseurs algériens se familiarisent, du reste, assez promptement avec l'idée d'une rencontre avec les fauves de grande espèce, et je ne sache pas que l'un d'eux, chassant la bécasse, par exemple, se soit détourné des forêts ou des ravins, de crainte d'y lever un gibier moins inoffensif.

Il y a plus : quelques-uns courent au-devant du danger en véritables étourdis. J'en puis citer plus d'un exemple.

En 1856, un cordonnier établi à El-Arrouch (1) et nommé Crépin (sans doute un sobriquet), venait de Philippeville et rentrait chez lui par la

_____
(1) Village à trente-trois kilomètres de Philippeville.

traverse. Allant à pied le long d'un sentier, il entendit dans la broussaille un ronflement sonore. Il s'approcha et vit, étendu à l'ombre d'un lentisque, une belle lionne dormant, le nez posé sur ses pattes antérieures. Crépin quitta le sentier, gagna à petit bruit la grande route, et demanda au poste des cantonniers voisins un fusil, en indiquant l'usage qu'il en voulait faire. A défaut de balles, on chargea l'arme, vieux fusil de munition, d'un lingot de fer, et Crépin, retournant sur ses pas, foudroya la bête en lui brisant l'épine dorsale.

Depuis ce coup heureux, notre cordonnier ne rêva plus que destruction de lions.

Dès que la nuit était venue, il quittait son tire-point, et, armé cette fois d'un fusil double, s'embusquait partout où il pensait qu'un grand fauve se présenterait. Il se postait, l'été, au bord des mares ou des ruisseaux; d'autres fois, à portée de bêtes mortes. Il allait même parfois jusqu'à dévouer un bourricot aux dieux du hasard.

Un soir, on vint lui dire qu'une jument venait d'être égorgée à peu de distance de l'enceinte du village; il courut à l'endroit indiqué, mais il n'y vit que la victime.

Résolu à garder son poste toute la nuit, il prépara son affût. L'ombre s'épaissit peu à peu. Un moment il entendit des os craquer sous une forte mâchoire, et il lui sembla que le corps de la ju-

ment avait perdu son immobilité. Il fit feu au
juger ; un rugissement de colère répondit ; mais,
après l'éclair de son arme, l'obscurité lui parut
plus grande encore : il ne distingua plus rien.
Son impatience ne lui permettant pas d'attendre
le jour, il quitta son poste, rentra chez lui, re-
chargea son fusil et prit une lanterne. Plusieurs
de ses voisins le suivaient, armés jusqu'aux
dents ; mais ils n'eurent pas à intervenir : un lion
à tous crins gisait, les membres raidis, contre les
flancs de la jument.

Le retour au village fut une marche triomphale,
une victoire célébrée à grand bruit ; mais, comme
toute autre, elle devait avoir son fatal lendemain.

Quelques mois après, un Arabe accourt effaré
chez le commandant de place d'El-Arrouch, et lui
annonce qu'il vient d'apercevoir, à quelques pas
de la route, un grand lion embusqué sur le passage ordinaire du troupeau communal. Le capitaine appelle quelques hommes de bonne volonté
et leur dit de s'armer ; puis, il se rappelle qu'un
ordre formel interdit d'employer les soldats à
chasser le lion : il hésite.

Entre temps, Crépin eut vent de la chose ; il
prend à part l'Arabe, et promet de le payer largement s'il veut le conduire au repaire. Celui-ci
consent à une condition : c'est qu'il indiquera le
lion d'un geste sans prononcer un seul mot ; car
c'est un préjugé enraciné dans l'esprit des Ara-

bes, que le lion bondit infailliblement sur celui qui dirait, en le désignant : *Rah hennah !* (il est là !).

Crépin, bouillant d'impatience, précédait son guide, lorsque celui-ci, le saisissant par le bras, lui montra le lion étendu. L'intrépide cordonnier l'ajusta immédiatement, et, après le coup, l'animal bondit en avant, roula sur son épaule fracassée, et, se relevant avec des rugissements de colère et de douleur, gagna le sentier voisin. Ce n'était pas le compte du chasseur : il se mit immédiatement à sa poursuite, si bien qu'il se trouva à deux pas du lion, qui se relevait d'une nouvelle chute. Alors, par une fatale imprudence, il lui tira sur la croupe son second coup, chargé de gros plomb. C'en était trop ! Cette fois, la fauve majesté voulut tirer vengeance de cette ignominie, et, se retournant, dressée sur ses jarrets, s'abattit de son poids et de sa griffe gauche sur son acharné agresseur, qui tomba la poitrine entr'ouverte. Le lion s'éloigna alors, et deux jours après il fut trouvé mort à peu de distance. Le pauvre Crépin n'en valait guère mieux ; il languit pendant plusieurs mois à l'hôpital d'El-Arrouch, et succomba aux suites de sa terrible blessure. On raconte que, dans le délire de son agonie, il demandait son fusil et criait sans cesse qu'on le ramenât au lion. Mort héroïque, mais triste tableau dont il faut détourner nos yeux et notre pensée pour les reporter sur une touchante idylle.

Je viens de dire que, par ordre supérieur, il était interdit d'employer les soldats de troupe à chasser les grands carnassiers. Cet ordre avait été donné, je crois, après quelques graves accidents survenus dans des attaques de vive force tentées contre les redoutables hôtes de nos bois. Cette défense n'implique pas contradiction avec les prémisses que j'ai posées. L'épisode de Crépin nous a démontré jusqu'à quel point le lion est débonnaire de sa nature ; néanmoins, on peut dire de lui cette vérité vulgaire : « Cet animal est fort méchant ; quand on l'attaque, il se défend. »

Si, tout au contraire, on use envers le lion d'honnêtes procédés, il est le plus inoffensif des êtres ; et on va le voir, le prouver dans le rôle plus que modeste d'aide-marmiton.

A sept kilomètres environ du premier blockaus de la plaine, à un point dit *Zitouna* (les Olives), la route stratégique de Philippeville à Constantine passait, en 1843, par un plateau qui domine les coteaux et les plaines habitées autrefois par les tribus remuantes des Beni-Ishak et des Beni-bou-Naïm. Sur ce plateau, après une expédition, rude châtiment infligé à ces incommodes voisins, on avait construit un fort blockaus, avec réduit pouvant recevoir une compagnie entière et quelques artilleurs pour le service d'une pièce braquée sur les accès de la route. Le cercle de nos excursions s'étant peu à peu élargi, nous nous hasardions

parfois jusque-là, et nous eûmes la chance de trouver dans l'officier qui commandait le poste un hôte non moins hospitalier et complaisant que ne l'était le lieutenant de Saint-Antoine.

Quand, pour la première fois, nous nous trouvâmes à Zitouna, nous dûmes forcément nous rapprocher du blockaus, supposant avec raison qu'une source devait desservir la garnison. Nous nous dirigeâmes donc, en nous dissimulant autant que possible, sur un ravin d'où nous avions vu remonter un soldat porteur de bidons. Presque en même temps, un spahis sortait du blockaus au galop de son cheval et nous annonçait que le commandant nous mandait devant lui. Cette invitation en d'autres temps, et malgré les termes dans lesquels elle était formulée, ne pouvait être prise que pour une gracieuse prévenance ; mais nous avions enfreint la consigne, qui interdisait alors de voyager sans escorte. Il était hors de doute pour chacun que le moins que nous pussions encourir, c'était de demeurer consignés au poste jusqu'au passage du plus prochain convoi.

Le capitaine D... nous attendait sur le pont mobile par lequel on franchissait le fossé d'enceinte. Sa figure ouverte et gracieuse nous rassura tout d'abord.

— Messieurs, avez-vous déjeuné ?

— Non, capitaine, mais nous allions nous y préparer...

— Alors, tout est pour le mieux. Messieurs, veuillez entrer ; voilà mon logement et voici ma table.

Puis, s'adressant à son ordonnance :

— Les bidons sont-ils rapportés ?

— Ils viennent d'arriver, mon capitaine.

— C'est bien ; fais préparer l'absinthe pour notre retour et mets sept couverts.

Nous étions six ; nous nous regardâmes avec un certain embarras. Le capitaine parut satisfait de l'impression qu'il avait produite.

— Maintenant, venez, et je veux vous faire les honneurs de mon château fort... Mais... un moment ! j'ai oublié un inséparable compagnon.

Et le bon capitaine se saisit d'une forte canne.

— C'est que, comme vous, messieurs, reprit-il, j'ai chassé, trop chassé ! et il m'en reste quelques rhumatismes... Oh ! je suis votre aîné en saint Hubert ; j'ai été, comme vous l'êtes aujourd'hui, vaillant et hardi. Vos premiers coups de fusil dans le bois et la voix de vos chiens m'ont rappelé mes vieux exploits ; je me suis senti rajeuni ! C'est alors que je vous ai fait porter mon invitation.

Nous lui dîmes à notre tour combien nous nous attendions peu à son paternel accueil et quelles avaient été nos craintes. La consigne...

Le capitaine interrompit fort à propos.

— Mon Vatel nous attend ; à table, messieurs!

Nous fîmes de notre mieux honneur à l'hospitalité de notre amphitryon, et, un bon petit vin vieux aidant, les chansons succédèrent aux récits les plus fantaisistes. Le capitaine chantait fort agréablement. Nous ne pouvions nous lasser de l'entendre et de l'applaudir, lorsque, ainsi que pour une surprise préparée, l'ordonnance apparut à la porte, le képy à la main, et annonça :

— Mon commandant, voici le voisin.

— Messieurs, je vais vous le présenter...

Nous nous étions levés, nous attendant à je ne sais quelle apparition. Le capitaine sortit ; nous le suivîmes.

Un groupe de soldats entourait le factionnaire, debout sur le parapet, et celui-ci leur indiquait le ravin d'où arrivait le visiteur annoncé.

Nos regards se portèrent immédiatement de ce côté. Le premier de tous, je distinguais, dans une éclaircie du fourré, une fauve encolure, et, me tournant vers notre hôte :

— C'est un lion ! Je cours à mon fusil...

— Doucement, jeune homme. La consigne défend de le tirer,

— Peu importe ! je vais sortir.

— Très-bien ; mais vous vous ferez une mauvaire affaire, non-seulement avec le lion peut-être, mais, à coup sûr, avec le grenadier ici présent.

Je me retournai et vis un beau soldat qui, les

bras croisés, fronçait le sourcil, maintenu qu'il était dans le silence et le respect par la présence du capitaine.

Peu m'importait néanmoins, et je courus à la salle à manger pour y prendre mes armes. Le capitaine m'y joignit.

— Allons, puisque vous y tenez absolument, je vais vous mettre à même de satisfaire votre désir. Puis, interpellant un artilleur :

— Apportez-moi un fusil de rempart, gros calibre.

Et, s'adressant à moi :

— Vous n'êtes pas militaire, vous pouvez tirer d'ici.

Le grenadier était là, toujours impassible ; mais il me sembla que l'arc de ses sourcils s'était un peu détendu.

L'artilleur chargea, devant moi, l'arme demandée : c'était ce qu'on appelait alors un fusil de rempart à pivot.

Le capitaine souriait. Le grenadier dissimulait un même sourire sous le coin de sa rouge moustache.

Je courus au rempart. Le lion s'était rapproché ; il allait d'une allure nonchalante et suivait les bords du ravin. Quand une broussaile coupait son chemin, il l'ouvrait en la pliant avec la même facilité qu'un nageur fend le flot. Le pivot assujetti sur le parapet, je dirigeai le point de mire à cent cinquante mètres environ, et, abaissant la hausse que l'artilleur avait, sans doute à bonne intention levée, j'attendis. Le lion s'arrêtait de temps à autre et regardait le blockaus, comme pour y voir ou y entendre un indice quelconque. Ce fut pendant une de ses haltes que, prenant mon moment, je pressai la détente. La capsule s'enflamma, mais le long et lourd fusil demeura muet. L'artilleur tenait déjà une seconde capsule, qu'il me présenta sans mot dire.

Le grenadier regardait le lion, et son sourire commençait à se trahir.

Deux fois la même occasion se représenta, et deux fois le même résultat.

Le capitaine paraissait indifférent ; mon dépit, un peu amer, s'exhala sourdement par un seul mot :

— Mystification !

— Pas tout à fait, dit le capitaine ; venez et vous comprendrez. Je vais vous raconter cela, *inter pocula* ; le punch est servi.

Dissimulant ma bouderie, je m'assis autour de la table avec mes camarades, et les verres remplis :

— Or, oyez, messieurs, commença notre hôte, l'histoire du voisin. L'attitude de mon brave grenadier et le mauvais état de l'arme apportée par ce sournois d'artilleur, tout sera expliqué et du même coup excusé.

Ledit grenadier, étant un de ces jours de cor-
vée, descendit au puits de la source les gamelles
à vider et à laver. Il allait commencer son office,
lorsqu'un lion traversa le ravin et s'accroupit,
fixant son regard fauve, non sur le soldat, mais
sur les gamelles. Vous avez pu voir que nous
vivons abondamment ici ; les veaux, les moutons,
les agneaux, la volaille, forment ici un ordinaire
copieux et peu coûteux. Or, ce lion, qui a probablement du goût pour la civilisation française,
paraît préférer les viandes et les os cuits et assai-
sonnés aux chairs pantelantes dont se nourrissent
ses congénères. Mon grenadier ne prit pas le
temps de faire ces réflexions philosophiques ou
physiologiques, et, s'esquivant prestement, laissa
le lion tête à tête avec nos reliefs.

A un bruit de gamelles renversées, il se retourna cependant, et vit l'animal, mollement
étendu sur le gazon, savourer avec un certain
bruit de brisure le contenu de la vaisselle. Il s'arrêta alors et regarda curieusement. Le lion agissait consciencieusement. Après avoir absorbé leur
contenu, il léchait lentement de sa langue ru-
gueuse, en les tenant entre ses pattes, les gamelles, n'y laissant rien de leur résidu graisseux.
Cela fait, il s'arrêta à la source, y but à longs
traits, et, reprenant son allure toujours nonchalante, s'éloigna pour aller se coucher le ventre au
soleil. Mon grenadier descendit alors, reprit sa

vaisselle parfaitement essuyée, et, de retour, raconta à ses camarades son incroyable aventure.

Tous voulaient, dès le lendemain, tendre une embuscade; j'y opposai mon veto, et le grenadier déclara à tous ceux qui paraissaient chercher le moyen d'éluder la consigne, qu'*il fendrait le ventre au premier qui oserait s'attaquer à son aide volontaire.* Pour plus de précaution, il me demanda et obtint la permission de porter seul les gamelles et d'aller seul au puits. L'homme et le lion sont devenus fidèles à leur rendez-vous journalier. Quand le messire est arrivé le premier, il attend discrètement à quelques pas que la nappe soit dressée et le serviteur éloigné avant de mettre la patte au plat. Quand c'est le grenadier, il dispose tout et attend que la besogne soit faite. Quelquefois, mes hommes se donnent le plaisir d'assister de loin à cet échange de bons procédés. C'est ainsi que le lion est devenu notre visiteur assidu et l'enfant gâté du blockaus.

Puis, se tournant vers moi en me pressant le bras, le capitaine ajouta :

— Aussi n'enverrai-je pas à la salle de police l'artilleur qui a mal épinglé l'arme qu'il vous a présentée, oubliant sans doute qu'elle était trop graissée...

Après cette explication aussi intéressante que gracieuse, je me résignai de bon cœur, et nous prîmes peu après congé du capitaine, en lui renouvelant nos remercîments.

— Revenez, nous dit-il, faire visite au voisin ;
c'est donc au revoir !

Un autre lion était encore plus disposé à profiter des avantages de la civilisation, puisque son
goût pour la cuisine française l'avait, comme on
va le voir, attaché à un hôtel de Constantine,
l'hôtel Octavie.

Quel beau chapitre à écrire pour un humoriste,
que celui qui porterait pour titre : « Influence de
la nourriture et de la *cuisine* sur le caractère et les
habitudes des bêtes féroces. »

Ce lion avait été pris jeune et était devenu
l'hôte choyé de son maître. Il se montra si recon-
naissant des soins qu'on lui donnait, sa primitive
nature avait été tellement modifiée, qu'à l'âge de
trois ans on lui avait laissé dans l'hôtel toute liberté. Il allait et venait de l'office à la salle à manger, aux escaliers, et se permettait même d'entrer, sans se faire annoncer, dans la chambre des
voyageurs. Plus d'un dut trouver cette rencontre
désagréable ; mais aucun, je crois, n'éprouva un
saisissement plus brusque que notre ami regretté,
Ed. Pellissier. Il était arrivé chez Octavie le soir,
fatigué d'un parcours à cheval de quatre-vingt-
quatre kilomètres, et s'était mis au lit après un
léger repas. Le sommeil le prit si brusquement,
qu'il oublia probablement de fermer sa porte. Le
lendemain, les obliques rayons du soleil péné-
traient dans sa chambre quand il se mit en devoir
de s'habiller. Ses yeux se dirigent vers le canapé,

sur lequel il avait déposé la veille ses vêtements,
et, à sa profonde stupéfaction, y voit un lion non-
chalamment étendu. Se remettre au lit et y couvrir tout ce qui pouvait, m'a-t-il dit depuis, tenter son terrible camarade de chambre, lui parut
prudent. Il n'y avait pas de cordon à sa portée. Il
dut se résigner... Le lion, sentant son estomac
vide, ouvrit un long bâillement qui montra aux
yeux de l'observateur, qui le guettait du lit, une
rangée d'incisives peu rassurantes, étira ses membres robustes, et, sautant du canapé, égratigna
de ses ongles le sol parqueté de la chambrette,
puis descendit aux offices y chercher sa pitance
ordinaire.

Un jour, par malheur, sa ration lui parut in-
suffisante. Un cavalier du troisième régiment de
chasseurs d'Afrique passait en ce moment devant
la porte de l'hôtel, porteur de la gamelle destinée
à ses camarades du poste. Le lion, alléché par
l'odeur, y mit indiscrètement la patte, renversa
le *rata*, et se mit à dévorer les portions. Le soldat,
peu endurant, ne respecta pas l'instinct animal
qui s'exerçait si discrètement, et transperça de
son sabre le convive inattendu qu'avait conduit
le hasard. Celui-ci s'enfuit comme un coupable,
et, acculé plus tard dans une impasse, il y fut
fusillé par les cavaliers dont il avait supprimé
l'ordinaire.

Le beau rôle était-il du côté de l'homme dans

cette circonstance, et ne pouvons-nous pas avoir nos heures de générosité? Le lion les aurait-il plus souvent que nous ?

Ce que l'un d'eux a fait pour une mère de Florence, en lui rendant son enfant, les autres le font plus d'une fois ici à l'égard des troupeaux, quand les femmes des douars les surprennent rôdant autour des haouchs (1), et cependant ce n'est pas par des supplications qu'elles réussissent à l'éloigner !

J'avais souvent entendu les indigènes raconter des scènes pareilles à celle que je vais décrire, mais jusqu'alors je n'avais guère cru au rôle généreux que l'on attribuait aux lions, et, encore moins, leur supposais-je un sentiment exagéré de pudeur !

Je vais être, dans ce qui suit, un historien fidèle des faits. C'est une règle que je me suis imposée dans mes récits ; mais on comprendra pourquoi je suis obligé de rappeler que je n'ai pas entrepris une œuvre de fantaisie.

Un jeune chirurgien militaire, M. Mouillac, avait reçu mission de propager la vaccine dans le cercle de Philippeville. Il me demanda s'il me plaisait de l'accompagner et de l'aider dans une

---

(1) Enceinte palissadée dans laquelle on enferme les troupeaux pendant la nuit.

excursion au milieu des tribus. J'étais libre alors,
et je consentis de grand cœur à l'accompagner en
opérateur et en observateur. Je n'eus pas lieu de
m'en repentir ; non-seulement M. Mouillac fut un
excellent compagnon, mais jamais l'occasion d'é-
tudier le caractère et les mœurs des indigènes ne
fut plus complète. Il n'entre pas dans mon cadre
actuel de dire au lecteur comment, en ce temps,
s'appliquait aux indigènes le *compelle intrare* en
civilisation. Je passe brusquement à l'incident du
lion.

Le cinquième jour de notre tournée, nous dûmes camper au bas du Djebel-Tangoust, près
d'un douar limitrophe d'une belle forêt détruite
depuis par les incendies. L'oukaff, chef du douar,
assistait à notre repas du soir. Il s'excusa de nous
quitter en disant que ses hommes allaient garder
les troupeaux contre les approches d'un lion qui,
depuis une semaine, avait enlevé ou égorgé huit
bœufs et une jument. Je lui demandai des rensei-
gnements. Il répondit que le *saïd* sortait de la
forêt au coucher du soleil et suivait les bords du
ruisseau qui passait au pied de notre tente, dans
le but de surprendre quelques bêtes attardées. Je
le priai alors de m'indiquer un poste d'affût. En
amont, il y avait, à peu de distance de nos chevaux, une saillie de rochers surplombant le ruisseau. Je m'y plaçai, et M. Mouillac vint m'y rejoindre quelques instants après.

La nuit était close lorsque nous perdîmes patience, ignorant que la lune devait se lever bientôt. Nous faisions dresser notre lit, mais un grand bruit s'éleva dans le douar ; les femmes et les enfants jetaient des cris perçants, et les hommes les encourageaient. Les chiens hurlaient et aboyaient de loin. Nous prîmes nos armes, et c'est alors que nous fûmes témoins d'un spectacle incroyable. Les femmes échevelées, retenant entre leurs dents le bas de leur seul vêtement, accablaient d'imprécations et poursuivaient même à coups de pierres un lion qui, sans se retourner et la queue basse, regagnait à pas lents le couvert. J'épargne à vos oreilles et à votre pudeur la plupart de ces invectives ; mais je suis obligé, pour marquer la couleur et les mœurs locales, de citer l'insulte qui se reproduisait le plus souvent :

— Tiens, couard, fils de lâche, regarde ! Nous ne sommes que des femmes, et tu fuis devant nous !!

Le lion fuyait en effet, confus de honte ou obéissant à un sentiment de patience magnanime. Il avait déjà disparu que les femmes, abusant de leur victoire, le poursuivaient encore de leurs imprécations pendant sa retraite.

Je pourrais multiplier des preuves semblables en faveur de l'innocuïté du lion tant qu'on ne l'a pas attaqué ouvertement, si je n'avais pris à tâche de ne parler le plus souvent que *de visu*, pour ainsi dire. Aussi, je ne fais que noter en passant un fait récent très-remarquable. Notre chef traqueur, Oriente, se trouvant à l'affût dans un myrte, aux environs de Jemmapes, a pu impunément faire feu, au même instant, sur deux lions (un couple sans doute), et tous deux ont suivi leur chemin sans se retourner, perdant leur sang et poussant des rugissements de douleur. L'un d'eux a été retrouvé, huit jours après, mort dans un fourré, d'une blessure qui lui avait labouré le flanc. L'autre, suivi aux rougeurs, n'a pas été rencontré.

Combien de colons, de conducteurs de voitures publiques n'ont-ils pas vu celui qu'on appelle le plus terrible des carnassiers, suivre la grande route et se montrer complétement inoffensif, se ranger même, en personne bien élevée, et laisser le passage libre !

Il y a peu de jours, nous revenions de Bône, M. Sieuzac — un de ces amis de l'âge mûr que l'on affectionne d'autant plus qu'on a dépassé le temps des enthousiasmes irréfléchis, — et M. Mazenc, joyeux compagnon de voyage, lorsque, peu avant d'arriver à Raz-Elma, j'aperçus un lion qui, arrêté à une trentaine de pas de nous, semblait attendre que notre voiture fût passée pour traverser la route, Il était cinq heures du soir.

Sieuzac disait souvent, en manière de plaisanterie, sans doute, que le lion d'Afrique était un mythe, et qu'il n'y croirait qu'après en avoir vu un, au moins, en face et bien vivant.

L'occasion était trop belle pour la négliger.

— Un lion ! lui dis-je à demi-voix, lui montrant la direction et le poussant légèrement du coude.

Or, notre ami avait fini par se persuader, comme il arrive quelquefois, en effet, qu'il pourrait bien y avoir des lions qui eussent figuré nombreux aux combats dans les cirques de la Rome impériale, mais il pensait ou affectait de penser que, depuis l'invention des chemins de fer, les derniers survivants avaient probablement gagné le fond du désert, et que c'est là qu'on va chercher les rares spécimens de l'espèce domptée par les Carter et les Schmidt. Aussi, loin de regarder dans la direction indiquée, haussa-t-il les épaules avec un mouvement qui disait énergiquement : Je n'y crois pas.

Mais M. Mazenc et le cocher s'étaient retournés ; la voiture allait au petit pas.

— C'est bien un lion ! dirent-ils en même temps.

Pour le coup, Sieuzac se mit debout et vit le lion suivre parallèlement la marche de l'équipage, puis, s'apercevant sans doute qu'il nous dépassait, faire face et attendre avec calme.

Il était magnifique en ce moment. Les rayons du soleil couchant l'éclairant en plein visage,

semblaient changer en fils d'or les crins brillants
qui ondulaient autour de sa tête. Ses yeux fixes
et grand ouverts paraissaient remplis de cuivre
en fusion...

— Un fusil! dit M. Sieuzac; mille francs pour
un fusil!

J'avais déjà mon revolver en main ; je proposai
d'en faire usage. C'était notre seule arme.

— Non, laissez-le moi voir encore, dit M. Sieuzac.

Et la voiture s'arrêta. Mais le lion, fatigué de
se donner ainsi gratuitement en spectacle, se détourna, reprit en sens inverse le chemin qu'il
avait parcouru, et disparut.

A l'exemple de Si Abderraman, qui chevau-
chait, dit-on, sur un lion, ayant pour bride un
serpent, quelques marabouts se font accompagner,
dans leurs pérégrinations, par des lions qu'ils
élèvent et qui vivent auprès d'eux sans contrainte,
ni collier, ni muselière.

L'un d'eux me dit un jour que son compagnon
le suivait avec une patience exemplaire, dédai-
gnant de répondre aux provocations des chiens
qui aboyaient après lui ; mais il ajouta qu'il craignait une révolte de sa part, s'il essayait pour la
première fois de l'attacher. Cependant il fallait
obéir ; il détacha donc de sa tête la corde en poil

de chameau et la passa autour du col du lion,
mais pour la forme seulement, car le marabout
eut soin de s'y prendre de manière à ce que le lien
ne se fît nullement sentir.

Il est d'ailleurs prouvé depuis bien longtemps
que non-seulement l'homme est le provocateur,
mais que les animaux que nous appelons féroces
se montrent sensibles aux bons procédés. Vit-on
jamais plus terrible tentation que celle que dut
éprouver un lion dont parle Brantôme, et peut-on
se conduire plus décemment qu'il ne le fit? Qu'on
me permette de citer les lignes de l'auteur. Il
s'agit de l'entrée du roi Henri dans sa bonne ville
de Lyon; et voici l'une des surprises qu'on lui
ménagea :

« Ainsi que le roy marchait, venant à droite,
il rencontra de mesme un préaut ceint d'une mu-
raille de quelque peu plus de six pieds de hauteur,
et le dit préaut aussi haut de terre, lequel avoit
esté distinctement remply d'arbres de moyenne
fustaye, entreplantez de taillis espais et à force
touffes d'autres petits arbrisseaux avec aussi force
arbres fruitiers. En cette petite forest s'esbat-
toient force *petits cerfs tous en vie*, biches, che-
vreuils, toutefois privez. Et lors Sa Majesté en-
trouyt, aucuns cornets et trompettes sonner, et
tout aussitost aperceut venir, au travers la dite
forest, Diane chassant avec ces compagnes et
vierges forestières ; elle tenant à la main un riche

arc turquois, avec sa trousse pendant au costé,
accoutrée en atours de nymphe, à la mode que
l'antiquité nous la représente encore ; son corps
estoit vestu avec un demy bas à six grands lam-
beaux rond de toile d'or noire, semée d'estoiles
d'argent avec profilure d'or, troussée jusqu'à
demy jambe, découvrant sa belle jambe et grève,
et ses bottines de satin cramoisy, couvertes de
perles en broderie. Ses compagnes estoient ac-
coutrées de diverses façons d'habits de tafta raillé
d'or ; aucune conduisait des limiers et petits lé-
vriers, épagneuls et autres chiens en laisse avec
des cordons de soie ; les autres accompagnoient
et foisoient courre des chiens courants qui foisoient grand bruit..... et ainsi qu'elles aperceu-
rent le roy, un lion sortit du bois, qui étoit privez
et foit de longue main, à cela, qui se vint jeter
aux pieds de la dite déesse lui foisant feste ; laquelle le voyant ainsi doux et privez, le prit avec
un gros cordon d'argent et de soie noire, et sur
l'heure le présenta au roy et s'approchant avec le
lion jusque sur le bord du mur du préaut et à un
pas près de Sa Majesté lui offrit ce lion par un
dixain en rythme tel qu'il se foisoit de ce temps.»

Ne faisons donc pas les animaux, et surtout les
lions, pires qu'ils ne sont. Sachons-leur gré de ce
qu'ils n'abusent pas à notre égard de la force et
des moyens de destruction que la nature leur a
libéralement donnés. Ils pourraient user tout au

moins de représailles et s'en prendre à l'homme
en même temps qu'aux animaux. Ils n'en font
rien, comme s'ils avaient conscience de s'être
donné les premiers torts.

UNE CHASSE AUX BÊTES NOIRES

Êtes-vous sûrs, messieurs, qu'il y ait des sangliers en Afrique ?

C'était bien la troisième fois, depuis notre départ de Philippeville, que l'un de nous faisait cette question.

C'était un avocat, arrivé de Paris depuis un mois. Autorisé jadis, par la grâce de M. le comte Montalivet, intendant de Louis-Philippe, à chasser parfois dans les forêts royales, la faveur dont il jouissait n'était cependant jamais allée jusqu'à lui permettre d'assister à une traque aux sangliers ; mais, venu en Afrique, terre bienheureuse où plaisirs de roi sont plaisirs de tous, il s'était joint à nous, qui allions, plus en braconniers

qu'en chasseurs, attendre à l'affût les fauves ou
les bêtes noires que nous ne pouvions forcer, à
grand renfort de chiens, dans leurs inextricables
retraites.

La première fois, j'avais répondu à la question
en lui montrant sur le sentier la trace d'une harde
entière, les boutis en fusée qui déchiraient la terre,
et les pieds des myrtes brisés, troués et foulés ;
puis, je l'avais prié de hâter le pas et de garder le
silence.

Nous suivions alors, à travers le massif de
broussailles qui couvre la rive gauche du Saf-Saf
vers son embouchure, les mille détours d'un véritable labyrinthe, cherchant partout une éclaircie, un sentier qui fût pour nous le fil d'Ariane.
Par bonheur, le hasard nous servit enfin et nous
fit arriver au sable de la rivière. Là, on voyait
devant soi.

Après avoir franchi, au moyen d'un arbre dé-
raciné et amené par les eaux de l'hiver, ce cours
d'eau bien rétréci, car nous étions alors en juin,
nous reprîmes notre pas rapide, afin d'arriver au
douar de Bouafia avant la nuit close. Or, c'était
notre hâte qui contrariait notre compagnon parisien. Chacun se doutait donc que son interro-
gation répétée n'avait qu'un but, une interruption de la marche qui lui permît de nous rejoindre
et de prendre haleine ; nul ne répondit.

Notre avocat, qui trouvait excessivement pé-

nible de continuer à s'enfoncer dans le sable jusqu'à la cheville, entreprit, en désespoir de cause,
de plaider une conclusion négative qui serait débattue, pensait-il. Il n'en fut rien. Ses paroles
étaient alors couvertes par le bruit de la mer, qui
déferlait en mugissant sur la plage voisine ; il n'y
avait donc pas inconvénient à le laisser poursuivre
son étrange démonstration.

En ce moment, les derniers rayons d'un beau
soleil éclairaient de rouge tendre la cime des arbres enracinés dans le sable fertile des dunes du
rivage, et les panaches des grands joncs de marais
étaient balancés par une brise légère. Dans le silence du soir, tous les bruits, hors la grande
voix de la mer, s'éteignaient par degrés. Parfois
cependant un merle surpris passait en jetant au
pays un cri d'alarme ; alors les tourterelles quit-
taient leurs amours et fuyaient à tire-d'aile ; des
compagnies de perdrix effarouchées s'éparpillaient
à grand bruit d'ailes et de cris.

On dédaignait ce gibier ; mais c'était l'heure à
laquelle les lièvres quittent leurs gîtes pour commencer leur vagabondage du soir ; nous chassions le poil ; nous crûmes que nous avions assez
de temps avant la sortie des sangliers, et nos fusils
chargés de gros plomb, ralentissant le pas, nous
cherchions, l'œil et l'oreille aux aguets, à surprendre un de ces rôdeurs nocturnes.

Hélas ! qui trop embrasse mal étreint, et, comme

dirait l'illustre Sancho, il ne faut pas chasser deux-*gibiers* à la fois ; nous allions aux sangliers, pourquoi nous occuper de lièvres ?... Voici ce qu'il en advint.

Nous arrivions alors sur la lisière d'un champ d'orge, entre le bois que nous quittions et le marais que nous avions à droite : l'avocat, qui nous avait rejoint tout haletant, nous répétait encore sa conclusion, mais modifiée : il n'y a pas de sangliers dans le pays ! Tout à coup, les épis du champ d'orge s'agitèrent comme sous une bourrasque invisible, les tiges plièrent avec un froissement terrible, et toute une harde de sangliers vint droit à nous, tête baissée.

A cette rencontre soudaine, bien peu d'entre nous gardèrent leur sang-froid. Notre discoureur, pâlissant devant cette réplique foudroyante, serra son fusil d'une main convulsive, sans songer à en faire usage ; un autre, évitant par un bond un sanglier, lui envoya dans le coffre ses deux coups de gros plomb, ce qui détourna l'animal et le fit se jeter dans le marais à grand fracas ; la troupe suivit, et dix coups de fusil tirés instantanément à travers les joncs augmentèrent les abattis que les sangliers y faisaient comme un faucheur dans un champ.

La chasse eût été merveilleuse, mais... le plomb numéro 5 ou 6 ne put sans doute entamer la forte cuirasse que la nature a donnée à ces rudes habi-

tants des genêts épineux ! Ils passèrent comme
une bruyante vision, et leurs sourds grognements
retentirent un moment encore ; puis les merles
moqueurs regagnèrent leurs fourrés en sifflant
sur nos têtes.

Nous nous trouvions humiliés, et nous nous
en prîmes à notre compagnon parisien, lui affirmant (la mauvaise humeur est injuste) que, si
son éloquence n'eût pas affaibli notre conviction,
nous aurions eu garde de charger nos fusils de
gros plomb, persuadés que nous étions, avant sa
harangue, qu'une rencontre semblable ne pouvait
tarder à arriver. L'avocat se tut modestement.

C'était une revanche à prendre. Nous conti-
nuâmes notre itinéraire vers le douar de Bou-
Afia.

Le bruit de nos coups de fusil avait mis tout le
monde sur pied dans le village arabe. A cette
époque (c'était en 1843) et à cette heure, personne
ne courait le pays ; les maraudeurs kabyles seulement y venaient lever un tribut nocturne sur
les troupeaux des tribus alliées. Nous trouvâmes
donc tout le monde armé. La reconnaissance s'ef-
fectua au milieu des assourdissants aboiements
des cerbères qui gardent les habitations indigènes.
Nos amis, Bel-Kassem, Ali, Saïd, Abdallah, nous
firent bon accueil, mais il sembla qu'ils laissaient
percer quelque déplaisir de nous voir arriver si
nombreux. Nous étions huit, et nos hôtes crai-

gnirent, à ce qu'ils ont dit depuis, que leur couscoussou ne pût suffire à nos appétits de *Roumis*.
Je ne sais si cette explication n'était pas une naïve
excuse. Dans tous les cas, ils furent bientôt ras-
surés, car, nos havre-sacs descendus de nos
épaules et ouverts, ils purent voir que chacun
avait ses vivres de campagne.

Le gourbi de Bel-Kassem nous fut assigné. On
en fit sortir les femmes, les enfants et les veaux,
et nous nous y installâmes. A peine y étions-nous
établis, que nous vîmes barricader la porte ; et
Bel-Kassem répondit à nos réclamations qu'il ne
pouvait nous permettre de sortir, les Kabyles
ayant été aperçus dans le voisinage. — S'il vous
arrivait malheur, disait-il, la responsabilité en
reviendrait à la tribu, et le général Négro, ajou-
tait-il, était prompt à faire tomber les têtes...
Nous laissâmes faire et dire, sûrs de sortir quand
nous voudrions, fallût-il pour cela emporter sur
nos épaules la frêle cahute de chaume.

Un léger repas terminé, il fut convenu qu'à
dix heures, la lune levée, nous nous achemine-
rions vers le champ d'orge pour y attendre les
sangliers qui avaient coupé si à propos la conclusion de notre avocat. Cette aventure défraya une
heure de conversation et de quolibets ; puis, chacun s'étant armé le plus commodément possible
et les amorces examinées, on abattit sans bruit la
porte de branches, on descendit de la butte où le

gourbi était établi, observant un si profond silence que les chiens hargneux firent à peine entendre quelques grognements ; le sable assour-
dissait nos pas.

Nous approchâmes du champ d'orge avec précaution ; tout était immobile ; pas un épi ne bou-
geait sur sa tige grêle. Chacun choisit son poste
d'affût de manière à embrasser un espace découvert dans un demi-cercle de feux ; puis un silence
solennel s'établit insensiblement... A. Blain, alors
affûteur passionné ; F. Daruty, dont la balle est
devenue depuis infaillible ; Ed. Pellissier, dont la
mort prématurée a été une des premières douleurs
que j'ai éprouvées en Afrique ; Castillon, et les
autres encore, après nous être assurés de notre
position respective, nous blottîmes sous bois,
l'œil aux aguets.

Ceux qui ne savent pas ce qu'il y a d'émouvant
dans la vie d'un chasseur sourient parfois aux
miracles d'abnégation et de patience qu'enfante
cette passion : et cependant, toutes les sensations
les plus vives, celles du jeu, celles des combats,
sont réunies dans le plaisir qui agite le cœur des
hardis enfants des montagnes qui poursuivent
l'isard ou le chamois, mettant leur vie dans chacun de leurs pas ; cette même émotion profonde
et recherchée fait battre, sans qu'il faiblisse, le
cœur des Gérards africains qui marchent vers le
glapissement de la hyène ou des panthères, et

répondent à l'appel de la grande voix du lion!

Bien que notre veillée n'attendît pas de pareils exploits, la première heure d'attente ne fut pas longue à s'écouler, tant les sens surexcités perçoivent des sensations inconnues. L'œil et la pensée sont instinctivement tenus en éveil. Partout où rôde un sanglier, un des grands carnassiers peut suivre sa trace et peut présenter, au lieu du gibier attendu, un agresseur redoutable. A cette époque, d'ailleurs, les lions et les panthères n'étaient pas les seuls animaux nocturnes chercheurs de proie. Les Kabyles et les bandits des tribus pouvaient, s'ils nous avaient aperçus, se glisser jusqu'à nous sans que le froissement d'un arbuste ne révélât leur approche. Émotion de chasseur, instinct et conscience du danger, tinrent donc nos yeux ouverts pendant la seconde heure...

Cependant la nature est paisible ; le bruissement d'un oiseau nocturne se mêle seul au murmure lointain des flots qui glissent sur la plage ; les chacals, dont les cris étourdissants saluent le crépuscule, se sont tus jusqu'au matin ; la lune, sereine, fait jouer ses rayons dans toutes les ombres et prête des formes fantastiques aux arbres, aux buissons, aux grands joncs de marais.

Il y aurait eu, dans le calme de cette douce nuit de juin, devant l'agreste paysage déroulé à nos yeux, matière à nourrir l'imagination la moins poétique ; mais les chasseurs, s'ils ont l'imagination vive, ont, par contre, les fibres du cœur un peu endurcies, et je doute que deux d'entre nous cherchassent alors des émotions autres qu'un bruit révélateur de l'approche du gibier ou d'un ennemi. Je crois que nos regards attentifs ne s'éloignaient guère de la portion de prairie où nous attendions l'apparition des sangliers.

Quoi qu'il en soit, trois heures s'écoulèrent dans une vaine attente, et notre avocat aurait eu une belle occasion de reprendre sa thèse, si la parole ne lui avait été interdite. Comme il n'y a guère, cependant, d'attention soutenue qui puisse résister à une pareille épreuve, les plus indifférents ou les plus fatigués s'étaient étendus sur l'herbe ou dormaient accroupis sur les genoux, à la mode des sauvages habitants du Nouveau-Monde.

Tout à coup, j'entendis l'eau du marais s'agiter ; les hauts joncs s'inclinèrent et craquèrent. Sans doute, les sangliers revenaient de l'autre bord, où ils avaient abrité leur fuite ! Un léger froissement de feuilles suivit, puis... tout retomba dans le silence.

J'avais ajusté au bout du canon de mon fusil le guidon de papier blanc, point de mire des chasses nocturnes, et je tendais avec joie et impatience les yeux vers le point assez rapproché où j'avais saisi les indices d'une approche ; mais l'immobilité et le silence fatiguèrent mon attention.

J'allais reprendre ma position de patiente ex-
pectative , lorsque les orges me parurent agités
comme par la marche rampante d'un serpent ou
d'une panthère. J'étais dans une immobilité complète, imprimant seulement au bout de mon fusil,
par un mouvement insensible , la direction de
l'agitation des épis.

Les champs cultivés par les Arabes sont loin de
présenter, comme les nôtres, ce tout compacte,
uniforme pour ainsi dire, qui résulte de la perfec-
tion des labours et de l'habileté du semeur. Des
vides, des inégalités y existent : ici, parce qu'on
a négligé d'arracher les racines qui occupent le
sol ; là, parce que l'orge ou le blé ont été coupés
pour être donnés aux bestiaux ; là, parce que les
bestiaux sont venus y prendre d'eux-mêmes une
nourriture plus abondante ; là enfin, parce que la
semence a manqué. J'attendais donc, avec une
émotion qui faisait battre mes tempes, que l'animal, quel qu'il fût, traversât l'une des éclaircies
du champ. Enfin, deux ombres noires se dessinè-
rent ; la portée me parut convenable ; j'abaissai
mon arme et fis feu... Les ombres s'affaissèrent
en même temps, Le coup, certes, me parut merveilleux ; je n'avais tiré qu'une balle, et deux
sangliers paraissaient abattus !

Les chasseurs, éveillés en sursaut, me voyant
courir à travers les orges, suivaient mon mouvement par une impulsion machinale ; quelques-uns

même me dépassaient, et je crus devoir leur crier de prendre garde. A peine avais-je parlé, qu'une voix bien connue s'éleva du sol :

— Barca, sidi ! Kem el sahbek Saïd... (C'est assez, monsieur ! Je suis ton ami Saïd.)

Des éclats de rire suivirent un premier moment de stupeur, quand nous vîmes en effet se relever devant nous la noire silhouette de Saïd, le braconnier. Dépouillé de tout vêtement et traînant après lui son long fusil, il rampait dans le champ d'orge, espérant y surprendre les mêmes sangliers que nous étions venus y attendre.

Il ne savait pas que nous l'avions devancé, et peut-être est-ce bonheur que ma méprise eût devancé celle qu'il pouvait commettre lui-même à notre égard. En effet, accroupis ou courbés que nous étions dans les broussailles, les illusions de la nuit pouvaient bien nous faire prendre pour des sangliers au repos. Saïd, qui, par bonheur, n'était pas blessé, me montrait, non sans une certaine émotion, le sillon marqué par ma balle sur le sol, qu'il touchait presque en rampant de la poitrine, lorsque la seconde ombre se fit corps et parla aussi. C'était Ben Abdallah dans la même tenue que Saïd. Il me parut moins rassuré que ce dernier, et un certain soupçon traversa mon esprit. Ignoraient-ils, comme ils le disaient, que nous fussions sortis du gourbi ? Étaient-ce réellement les sangliers qu'ils cherchaient à approcher ?...

Nous étions huit, et pouvions, sans recharger, nos fusils soutenus par nos pistolets, fournir une trentaine de coups dans une attaque à découvert, et, dans ce sens, ma supposition eût été trop en faveur de leur courage ; mais peut-être voulaient-ils seulement mettre deux balles sur le compte des Kabyles, en nous les envoyant du milieu des orges, et Bel-Kassem n'eût pas manqué de dire que nous avions été par lui prévenus du danger. Quoi qu'il en soit, je me gardai de communiquer mes réflexions à mes camarades. J'avais souvent, le jour et la nuit, couru la montagne seul à seul avec Saïd ; je finis par me convaincre que je faisais injure à sa loyauté. Les explications, d'ailleurs, vinrent naturellement ; nous ne tardâmes pas à savoir que nos deux chasseurs indigènes avaient remarqué les visites et les ravages nocturnes que faisaient les sangliers dans leur champ d'orge, et qu'ils s'étaient promis de les y surprendre. De là leur contrariété de nous voir arriver dans la même intention ; de là aussi la précaution par eux prise de nous enfermer dans le gourbi d'Abdallah. Tout parut donc éclairci, et nous quittâmes le terrain d'affût, accompagnés de protestations de Saïd, qui disait facétieusement que sa couleur se rapprochait en effet de celle des sauvages hôtes des broussailles, mais que la blancheur d'Abdallah aurait dû m'épargner la méprise. En effet, ces deux indigènes présentaient les types les plus opposés de la race arabe : Saïd, brun, grand et fort, se rapprochait, par les traits et son bistre, des beaux nègres du Soudan ; Abdallah, au contraire, de forme un peu grêle, blond et les yeux bleus, semblait un descendant oublié des races septentrionales qui ont passé sur ce sol, livré, comme l'Europe, à la grande invasion. Vivant démenti (soit dit par occasion) aux savants qui prétendent que les races d'Europe ne peuvent s'acclimater et se perpétuer en Algérie.

Si la chasse n'est pour les amateurs qu'un besoin d'émotion, il est évident que l'on ne pouvait nous reprocher d'avoir fait buisson creux. Nous revînmes, nous entretenant gaiement de l'épisode inattendu qui avait clos cet affût. Cette méprise non suivie de malheur m'a paru assez intéressante pour nos confrères en saint Hubert ; je leur en donne le récit pour ce qu'il vaut ; mais qu'ils n'aillent pas en conclure, comme le fit notre avocat, qu'on ne tue pas de sangliers en Afrique.

1849.

L'HYÈNE

L'hyène, que les Arabes appellent *el deubbah,* est un grand carnassier, mais non, à proprement parler, une bête de chasse, à moins qu'on ne veuille la classer, selon l'ancienne méthode, parmi les « bêtes puantes »; et, à ce titre, elle devrait prendre le premier rang dans la catégorie. Peut-être est-ce pour cela, et pour cela seulement, que le gouvernement alloue une prime à sa destruction.

Rien ne vaut chez l'hyène : son attitude est couarde, ses aplombs sont défectueux, au point qu'elle paraît boîter en marchant ; sa livrée blanche rayée de noir est presque toujours terne, sale et avec un aspect funèbre ; son regard est faux et

clignotant ; ses allures sont obliques et dissimu-
lées ; tout son extérieur, enfin, reflète un type de
Loyola. De plus , elle est lâche , foncièrement
lâche, et c'est bien d'elle qu'on pourrait dire, en
retournant le proverbe : « L'habit fait le moine. »

Elle ne vit que des débris des morts, et, si elle
flaire à des distances fabuleuses, dit-on, les corps
qui sont sa pâture, de plus loin encore évente-t-
elle chasseurs et chiens ; il suffit d'un bâton entre
les mains d'un enfant de quinze ans pour couper
court à la plus véhémente velléité qu'elle pourrait
avoir d'enlever une chèvre ou un chevreau.

Vraiment, l'hyène a été étrangement surfaite
par les naturalistes qui se sont occupés d'elle.
Buffon lui-même s'y est laissé prendre.

Non, l'hyène n'est pas d'un naturel féroce ;
elle est seulement carnivore, et l'on sait comment.
Non, elle ne vit pas de proie comme le loup, n'est
pas plus forte, et jamais ne fut plus hardie. Jamais elle n'attaque ni le bétail ni les hommes ;
jamais elle ne brise les portes des étables et les
clôtures des bergeries pour y chercher une proie.

Non, l'hyène ne se défend pas du lion. Celui-ci,
d'ailleurs, la dédaigne et lui laisse, comme à un
parasite honteux, les reliefs de ses festins. La panthère elle-même craindrait de souiller sa riche
fourrure au contact de l'ignoble adversaire qu'on
lui suppose.

Donc, la monographie de l'hyène, telle qu'on

nous l'a donnée, est tout aussi fabuleuse que les fables que Pline débite à son sujet. J'en retiens cependant, comme une tradition restée chez les Arabes et arrivée jusqu'à nos jours, que l'influence de l'hyène peut rendre « les jeunes filles folles d'amour. »

Ceci a l'air d'un paradoxe; il faut donc que je m'explique.

Après avoir passé une partie de la nuit à l'affût, je m'étais, en 1844, abrité dans un gourbi du douar d'El-Mazoula (1). Au crépuscule, je me trouvais posté sur la lisière d'un bois d'épais chênes-glands pour y attendre la rentrée des rôdeurs nocturnes. Il me sembla entendre parfois, au milieu des criailleries et des glapissements des chacals, d'autres accents lugubres, sanglotants pour ainsi dire, qui semblaient tenir autant de l'homme que de la bête.

Mon hôte, Abdallah ben Ahmed, paraissait aussi attentif que moi.

— Quelle est, lui demandai-je, cette voix étrange ?

— Oh! me répondit-il en hochant la tête, c'est une triste histoire que je ne te raconterai pas, parce que, vous Français, vous riez de tout. J'ai été le témoin du prodige, mais je veux laisser à d'autres

(1) Aujourd'hui ferme Bonot.

le soin de te le raconter. Dieu fait bien ce qu'il fait, et ce qui est écrit s'accomplit.

La voix de mon interlocuteur avait quelque chose de grave, de pénétré, et quelques réflexions vinrent m'assaillir. Mensonge et vérité, un abîme vous sépare, et l'homme sait à peine vous distinguer...

— Voyons; dis-je à mon hôte, les Français rient souvent, c'est vrai, mais ils rient des choses qu'ils comprennent trop bien, et non de celles qu'ils cherchent à connaître. Dis-moi l'histoire que tu retiens sur tes lèvres, et tu m'auras fait une faveur dont je me souviendrai.

— Eh bien, dit-il en parlant avec volubilité et comme si ses paroles, jusque-là contenues, eussent fait explosion, il y avait à Mazoula une jeune fille qui s'appelait Mabrouka (la bienheureuse). C'était la plus belle fille que l'on pût voir parmi toutes les tribus de la plaine, et celui qui lui avait donné son nom l'avait en même temps favorisée du ciel. Lorsque, toute jeune, elle chantait ou riait avec ses compagnes, on distinguait sa voix comme, le matin et le soir, on distingue celle du *bulbul* (1) au milieu du gazouillement des autres oiseaux. En grandissant, elle devenait chaque jour plus belle, et elle faisait l'orgueil et la joie de ses parents.

---

(1) Ou *bel-bel*, rossignol.

Elle n'était pas encore nubile que son père était assailli de demandes; mais, sans éloigner pour toujours les prétendants, il pensait que la fortune d'un kaïd suffirait à peine à payer ses bijoux (1), et, de plus, il se promettait de recevoir un *chart* (2) proportionné.

En attendant, Mabrouka ne parut plus à la fontaine ni aux corvées, et son père ne lui permit même pas d'aller à la glanée dans ses propres champs.

Quand sa mère l'emmenait à une visite de deuil ou de fiançailles, elle l'attachait par le cou à une corde de poil de chameau (3), afin que, si quelque mystérieuse influence agissait sur elle, la contrainte retînt ses pieds agiles.

Ce n'était pas trop que toutes ces précautions. Les *djenoun* (4) s'étaient emparés de la jeune fille. Ses yeux, jusque-là si limpides et si purs, paraissaient parfois s'égarer dans le vague ou se noyer dans les larmes.

Un jour, le bruit se répandit dans le douar que

---

(1) *Haq el requeba ou sedaka*, c'est-à-dire ce qui sert à la toilette de la mariée : bijoux, linge et effets de couchage.

(2) Le *chart*, chez les Arabes d'origine kabyle, est une somme débattue que reçoit le père à titre de vente, ou, si l'on préfère, à titre de rançon.

(3) Textuel.

(4) Mauvais esprits.

Mabrouka était fiancée à un riche propriétaire de troupeaux, et qu'une fête magnifique serait donnée par l'*harouss* (1).

Mais on remarqua que Mabrouka, loin de se montrer heureuse, regardait encore plus dans le vide et que des larmes silencieuses baignaient son gracieux visage, devenu pâle comme la fleur du *siçana* (2).

Le huitième jour, cependant, les femmes et les jeunes filles vêtirent leurs longues robes blanches à grandes fleurs jaunes ou rouges (3), peignèrent et tressèrent leurs cheveux, suspendirent à leurs oreilles les grandes boucles d'argent garnies de corail (4), passèrent le k'hol sur leurs sourcils dessinés en arc, et ôtèrent de leurs doigts la préparation de *henné*, qui laisse aux ongles, à la pomme des mains et à la plante des pieds une teinte orangée.

Après avoir artistement orné leur front du *m'harma* ou du *khambir* strié, ou pailleté d'or ou d'argent (5), elles chaussèrent enfin leurs pieds nus de leurs petites sandales de fête.

---

(1) *Harrous*, fiancé.

(2) Lis sauvage.

(3) *Djebba.* La djebba est une robe de fête fendue sur les côtés et sans plis ; elle s'attache autour des reins au moyen d'une ceinture en filet de soie. (*Zora.*)

(4) *Lhameïrc.*

(5) Léger tissu de soie lamé d'or ou d'argent.

Les musiciens préludaient par des solos fantaisistes aux airs de danse qui devaient suivre la
diffa (1) du matin.

D'instants en instants, arrivaient des cavaliers
qui, lançant leurs chevaux au galop, déchar-
geaient leurs armes en faisant le tour de la tente,
où les femmes préparaient le couscoussou. Le tissu
de ces tentes n'est pas tellement serré qu'un œil
de femme ne puisse distinguer, tout en demeurant
invisible, le cavalier dont l'attitude est la plus
fière, et souvent une voix argentine répondait
par un *you-you* joyeux aux détonations les plus
bruyantes.

Les spectateurs remarquèrent que l'un des cavaliers, le visage couvert d'un pan du haïk et
monté sur un vigoureux cheval, fournissait la
plus longue carrière et revenait le plus souvent.
Nul ne le connaissait ou ne put le reconnaître,
car il se dérobait aux regards curieux et n'arrêtait
sa course rapide qu'au sommet des dunes voisines.
Là, il mettait pied à terre, abandonnait, en la laissant traîner sur le sable, la bride de son cheval, et,
s'accroupissant, demeurait dans une immobilité
complète.

Cependant les matrones donnaient la dernière
main à la toilette de la fiancée et passaient autour

(1) Repas.

de son visage une chaînette formée de petites pièces d'or ou de vermeil (1). Enfin, Mabrouka, couverte d'un épais voile de laine (2), assise sur un
bât de mulet et entourée de riches tapis (3), reçut
successivement les visites de ses jeunes amies,
celles des femmes du douar, puis celles des in-
vitées des tribus voisines. Quelques-unes avaient
apporté du miel en rayons, d'autres épuré, ou des
friandises telles que savent les préparer nos femmes et nos sœurs. Mabrouka déposait autour
d'elle ces menus cadeaux, et remerciait d'un mot
avec un visage impassible. Une négresse lui ap-
porta une assiette de porcelaine contenant du *bouchich* sucré (4); puis, s'approchant des oreilles de
la fiancée, lui dit quelques paroles que nul n'entendit...

Mabrouka prit l'assiette sur ses genoux, et,
roulant dans ses mains une partie du contenu, en
mangea à plusieurs reprises. Contrairement à ce
qui s'était fait jusque-là, la négresse emporta
aussitôt, sans tenir compte des murmures des
femmes, le plat et ce qui restait du bouchich.

Tout se passa ensuite selon la coutume, et

(1) *Cheurka.*
(2) *Tarf.*
(3) *Missen.*
(4) Espèce de couscoussou au lait frais, préparé avec des
grains de blé dépouillés de leur enveloppe.

la nuit venue, Mabrouka s'affaissa et s'endormit au milieu des matrones.

Au matin, le fiancé arriva, précédé d'un corps de musique marchant à pied. Lui faisait caracoler son cheval, et son escorte se livrait à une brillante fantasia en déchargeant des coups de fusil sur les sabots de sa monture. Ces coups de feu se multipliaient à mesure que l'escorte se rapprochait, et bientôt le douar allait être envahi comme pour un enlèvement de vive force.

Au bruit, les femmes sortirent de leur sommeil, et la plus alerte se hâta afin de prévenir Mabrouka. Elle écarta le grand tarf de laine et jeta un cri d'étonnement et de stupeur.

Sous les plis du tarf se trouvaient presque tous les vêtements de la fiancée et tous les bijoux dont elle était ornée, mais la jeune fille avait disparu. Un moment après cette étrange découverte, le douar se remplit de cris et de lamentations. Tous les cavaliers arrivés la veille et ceux qui avaient fait escorte au fiancé se jetèrent dans toutes les directions, indiquant, par leurs cris et le mouvement imprimé à leurs burnous, la direction qu'ils comptaient suivre, de sorte que, comme les doigts de la main, bientôt ils rayonnèrent dans le pays. Quant au cavalier voilé et à la négresse qui avait parlé à Mabrouka, on ne les a plus revus depuis.

Tu sais, sidi, combien sont épaisses les broussailles qui couvrent le pied du Djebel-Alia et touchent aux dunes de la mer (1). Toute la journée, jusqu'au soir, les cavaliers fouillèrent les ravins et même les retraites les plus inaccessibles : tout fut inutile.

C'est depuis cette époque que nous entendons chaque jour ce cri si étrange, et l'on dit que le mystérieux cavalier avait, pour rendre Mabrouka docile aux instructions que lui portait la négresse, mêlé de la cervelle d'hyène au bouchich qu'elle lui avait apporté.

Telle est la véridique histoire que me conta mon hôte.

Depuis, j'ai souvent cherché à savoir si cette tradition de l'influence maligne de l'hyène était répandue et acceptée partout. Je n'ai rencontré que des affirmations. Presque tous ajoutent que la cervelle du mulet produit aussi un trouble dans l'intelligence humaine.

« Cela est si vrai, me disait un cavalier qui m'accompagnait dernièrement dans une excursion, qu'un *kharami* (2), quelque perverti qu'il soit, s'il vient à trouver sur son chemin une hyène morte, ne manque jamais de lui briser le crâne et d'en enfouir la cervelle, afin que personne n'en

(1) Cela était vrai à l'époque, lorsque les défrichements, les emménagements de la forêt et les incendies n'avaient pas encore éclairci l'abondante végétation de ces dunes fertiles.

(2) Pêcheur, vaurien.

puisse mésuser. D'ailleurs, il courrait risque de la vie, si les honnêtes gens venaient à savoir qu'il a négligé cette précaution.

« Vous avez, sans doute, sidi, continua-t-il, dans vos longues courses aux alentours de Jemmapes, entendu parler, chez les Radjettas, de la lamentable histoire de Zohra Gass bent Gatt, et peut-être avez-vous rencontré cette jeune femme, qui vit nue dans les bois, et, la nuit, pousse des hurlements funèbres. C'était, il y a peu de temps, une des plus belles filles du pays. Elle se maria avec un Arabe qui avait déjà trois femmes.

« Bientôt toutes les préférences de l'époux furent pour elle, et seule dans le gourbi elle fut dispensée de tout travail manuel. La jalousie de ses compagnes s'en augmenta d'autant, et ces dernières ne dissimulèrent pas assez pour qu'on ignorât leurs criminelles intentions.

« Un soir, après le crépuscule, Zohra mit en pièces ses habits et gagna les bois en poussant des cris qui n'avaient rien d'humain. Depuis, on la rencontre quelquefois, réduite à un extrême état de maigreur, et telle est devenue son agilité, que, du pied des chênes où elle ramasse sa nourriture, elle peut s'élancer jusqu'aux plus hautes branches.

« Vous avez eu vous-même sous les yeux Aïcha bent Zerboub, que vous avez fait entrer à l'hospice de Constantine. Vous savez avec quelle impudeur naïve elle se tenait accroupie ou couchée, puisque vous avez vous-même couvert sa nudité. Eh bien, je suis persuadé que quelque ennemi secret aura mêlé dans ses aliments de la cervelle d'hyène ou de mulet. Aussi, c'est vainement que vos médecins français, qui sont d'ailleurs si habiles, l'ont soignée contre cette *possession* par les malins esprits ; il faut un remède que nous connaissons, mais que nous n'employons qu'avec la plus grande répugnance.

— Voyons le remède, lui dis-je.

— Il n'y a qu'un moyen de rétablir l'équilibre dans l'intelligence troublée. Ce que j'ai à vous dire est terrible ! Il faut un grand dévouement et un cœur intrépide pour aller, invisible à tous les yeux, exhumer dans leurs fosses toutes récentes les morts, leur ouvrir le crâne, et en retirer le cerveau, que l'on mêle ensuite aux aliments du malheureux aliéné. Bien peu l'osent tenter, et cependant chacun sait que c'est là un remède infaillible.

« — Vous ne croyez donc pas, me disait de son côté mon vénérable *khodja*, homme d'étude et de prière, à ce que tous les hommes croient et à ce la plupart ont vu. Moi, je ne comprends pas ces choses, mais je les considère comme vraies, bien que ma religion ne les impose pas à ma foi. »

Les Arabes, en général, redoutent fort peu l'hyène vivante ; ils la prennent au moyen d'un

piége grossier, c'est-à-dire, ils établissent, au-
dessus d'un silos assez profond, une légère toiture
de branchages, et déposent au-dessus un quartier
de viande rebutée. Il est rare que cette embûche
manque son effet.

Une fois prise, l'hyène devient tellement stu-
pide, qu'on peut descendre dans le silos, la lier et
et la charger vivante sur un mulet.

On prend les jeunes hyènes par une manœuvre
très-facile ; voici en quoi elle consiste : on attache solidement, à l'extrémité d'une corde, un
morceau de bois enveloppé de viande, et l'on se
rend où l'on suppose que se trouve l'hyène et sa
portée. C'est ordinairement un buisson épais sur
la pente de quelque ravin. Arrivé devant le repaire, l'un des chasseurs transporte l'appât à un
point au-dessus, de sorte que son compagnon
puisse le faire glisser devant les rochers ou les
broussailles qui abritent l'ignoble famille. Si les
grands-parents sont présents, ils se jettent sur
l'appât avec tant d'avidité et de gloutonnerie, que
la pièce de bois s'engage dans leurs fortes mâchoires, et que c'est vainement que le chasseur qui tient
l'extrémité de la corde, la tend de toutes ses for-
ces. L'hyène tient bon. Alors, l'autre chasseur la
tue à bout portant d'un coup de feu, ou l'assomme
de sa matraque. Si, au contraire, c'est l'un des
petits qui se saisit de l'appât, le chasseur le couvre de son burnous, l'en enveloppe et l'emporte

vivant pour le vendre aux amateurs de la ville la plus prochaine.

L'hyène, nous l'avons dit, fuit lâchement l'atteinte des chiens, et cependant elle éprouve à leur égard une passion toute particulière. Quand elle peut se placer sournoisement sur leur passage, elle cherche à les saisir de ses crocs puissants ; mais, comme elle n'a pas de griffes et que sa conformation est très-décousue, elle manque le plus souvent son coup. Dans ce cas, elle détale au plus vite et se laisse même mordre aux jarrets par le chien qui a échappé à son atteinte.

En résumé, c'est véritablement un animal disgracié par la nature que l'hyène. Ses habitudes sont viles comme vil est son caractère ; sa chasse est, comme on l'a vu, peu attrayante ; son rôle est même inutile, car les chacals feraient sans elle sa triste besogne. Ils sont moins laids. S'ils mangent les corps abandonnés sur le sol, ils ne déterrent guère les cadavres. Si leur haleine est impure, leur odeur repoussante, l'une et l'autre ne sont pas infectes comme celles de l'hyène.

Maintenant, la maligne influence qu'on attribue à l'hyène est-elle réelle ? Nous ne le croyons pas. Il est possible cependant que certains esprits faibles se persuadent que le trouble de leur intelligence vient du philtre que distille le cerveau de l'ignoble bête. C'est peut-être un genre de folie qui trouve son origine dans une imagination frappée par d'absurdes traditions. L'Algérie n'est pas la seule contrée où les fables effrayantes font de pauvres victimes !

ONCE, CHAT-TIGRE ET LYNX

L'once et le chat-tigre se ressemblent tellement en Algérie, que, sauf l'inégalité de la taille et quelque légère différence dans les lignes de leur pelage, ces animaux qui ont les mêmes habitudes peuvent être facilement confondus.

Cependant, l'once, que les Arabes appellent *fahed*, sert pour ainsi dire de transition de la panthère au chat-tigre. Sa robe est tachetée comme celle de la panthère, mais elle est de couleur plus obscure et son poil est plus grossier. Sa queue est relativement plus longue, et sa mâchoire bien moins puissante.

Communs dans les environs de Philippeville lors de l'occupation des ruines de Russicada, les onces paraissent s'être éloignées durant les défrichements et les incendies qui ont donné accès dans leurs retraites, autrefois protégées par de grands massifs forestiers. Aujourd'hui, on en surprend quelquefois encore à l'affût, quand elles viennent elles-mêmes attendre les lièvres, le soir, à la sortie du bois.

J'étais, il y a quelques années, vers les cinq heures du soir, posté dans un pli de terrain aux environs de la Pépinière. J'entendis un lièvre frapper brusquement de ses pieds, et, les oreilles pliées sur le dos, je le vis passer comme un éclair ; puis il se rasa dans un sillon, de sorte qu'il se trouvait à l'abri de mon plomb. Je me demandais pourquoi ce lièvre était sorti si vivement, lorsque, portant les yeux sur la lisière du bois qu'il venait de quitter brusquement, j'y aperçus une once qui, fixant sur moi son regard, paraissait avoir suspendu la poursuite de sa proie. Elle était arrêtée à une quinzaine de mètres, et ma charge numéro zéro, lui arrivant en pleine poitrine, la jeta sur le sol. Au bruit de la détonation, le lièvre voulut regagner son couvert et vint tomber sous mon second coup de feu. On peut dire que les deux ennemis furent ainsi rapprochés et réconciliés par la mort.

Un autre soir, nous nous trouvions, A. Blain et moi, à l'affût, à quelques centaines de mètres

seulement du mur d'enceinte de la nouvelle ville.
Nous ne pouvions nous voir, mais il nous était
facile de nous entendre.

Deux coups de feu retentissent, puis un troisième, bientôt suivi d'un autre. Croyant à une
agression, j'accours avec tant de précipitation,
que je laisse mon fusil sur le sol, me saisissant
seulement d'un double pistolet de fort calibre.
Blain était aux prises avec un animal qu'il main-
tenait contre le sol au moyen de son fusil, sur
lequel il appuyait de toute sa vigueur ; mais l'a-
nimal, les griffes passées dans la bretelle de l'arme
et les dents incrustées, pour ainsi dire, dans le fer
du canon, se tordait en convulsifs efforts et paraissait devoir lui échapper. Il était difficile de
me servir de mon pistolet, mais le couteau de
chasse est une arme plus sûre et servit à souhait.
Nous vîmes alors que notre gibier était une once
de belle taille. Lorsque Blain, le chargeant sur
ses épaules, le maintint pour le transporter, les
pattes de derrière rasaient le sol ; de sorte qu'on
peut estimer à un mètre quarante centimètres la
longueur qu'il mesurait. Ses dents acérées avaient
entamé et rayé si profondément le double canon
du fusil, qu'il y aurait eu imprudence d'en faire
usage et que l'arme fut réformée.

Le lendemain, l'once fut dépouillée. Sa chair
était si fine et si belle à voir, que chacun en vou-

lut goûter, et je ne connais, quant à moi, que l'excellente venaison du porc-épic qui puisse lui être comparée.

Je n'ai jamais entendu dire que l'once, pas plus que le chat-tigre, eût attaqué des chèvres ou des moutons, mais ce sont, comme le lynx, d'avides destructeurs de gibier et des fléaux de basses-cours.

J'avais dans une ferme une douzaine de gros dindons, et, bien qu'on les fît rentrer avant le coucher du soleil, chaque jour l'un d'eux disparaissait. Le maraudeur n'était autre qu'une once qui, tapie dans les broussailles voisines, les surveillait de l'œil et choisissait sa proie dès qu'elle se trouvait à portée. Surprise enfin en flagrant délit, elle paya de sa vie et de sa peau ses faciles exploits.

Un chat-tigre, à la même époque, me détruisit toute une portée de pintades ; mais je le vis un jour essayer de s'introduire dans la lapinière. Me doutant qu'il viendrait la nuit, j'enlevai trois briques au mur d'enceinte, à hauteur du sol, et tendis à l'ouverture un lacet. Celui-là périt par strangulation.

L'once et le chat-tigre (1) sont assez souvent surpris par les chiens dans les chasses au lièvre. Quand les courants les mettent sur pieds, ils

(1) Appelé par les Arabes *carnit*.

forlongent en rusant. Si un arbre est dans le voisinage, ils s'y réfugient à coup sûr, et les chiens,
emportés par leur ardeur, s'égarent sur la piste.
Il ne faut donc jamais négliger, dans ce cas, de
chercher à reprendre la voie qu'ils ont quittée, et
il est bien rare que vous ne voyiez le fugitif ré-
fugié entre deux maîtresses branches. Un chat-
tigre monte même jusqu'au haut de l'arbre et se
dissimule autant qu'il le peut.

Je cherchais un jour à tirer les ramiers qui,
repus de glands, descendaient par volées des crêtes
garnies de grands chênes, et je vis une de leurs
troupes se disperser en éventail, en passant au haut
d'un liége très-élevé. J'approchai de l'arbre, et je
vis une masse pelotonnée à l'extrémité de la dernière branche. J'y dirigeai mon gros plomb, et
un chat-tigre tomba d'une hauteur de plus de
vingt mètres. Mon chien, *Cobourg*, grand et
robuste épagneul, se jeta sur ce gibier inconnu ;
mais il revint boitant, les oreilles et le nez en-
sanglantés ; puis, l'ardeur de la vengeance lui
montant au cœur, il retourna au combat avec des
cris furieux, et ne se retira satisfait que lorsqu'il
vit son adversaire étendu sous lui sans vie et sans
mouvement.

Quand l'Algérie, ou tout au moins le territoire
de colonisation, sera débarrassé de ces hôtes incommodes et malfaisants, nos chasses y perdront
peut-être en imprévu, mais les lièvres, les per-

drix, et même le gibier de passage, seront beaucoup plus abondants. Les premiers pourront élever leurs progénitures en toute sécurité, et les seconds n'auront point à craindre les embûches que leur tendent l'once, le lynx et les chats-tigres. Ceux-ci, en dépit de l'instinct de leur race, ne craignent pas de tremper leurs pattes délicates dans la vase des marais en cherchant à y surprendre les poules d'eau, les bécassines, les râles qui se tiennent dans les touffes de jonc. Ils sont si lestes dans leur attaque, que l'un d'eux se saisit, à vingt pas de moi, d'une bécassine tombée sur la berge d'un fossé. Mon second coup de feu le surprit désagréablement en lui faisant faire tête dans les marais, où il expira.

Ce que je viens de dire des habitudes de l'once et du chat - tigre s'applique complétement au lynx (1).

Je n'en ai jamais tué sur un arbre, et cela n'est pas arrivé, que je sache, à d'autres chasseurs. Mais j'ai eu la chance d'en rouler un, relativement énorme, que les chiens courants poussaient vivement. Son poil épais et couleur chamois rose était magnifique. C'était une chasse d'hiver ; il pleuvait à torrent, et j'avais à transporter mon gibier de la grande tribu à Philippeville, c'est-à-dire pendant une marche de dix-huit kilomètres.

(1) En arabe, *bousboula*.

Quelque belle que fût la fourrure, je m'estimai très-heureux de me décharger de mon fardeau en l'abandonnant à l'un des chasseurs, M. Menot, qui l'utilisa en un manchon très-élégant.

LE PORC-ÉPIC

———

Avant mon arrivée en Afrique, je ne connaissais le porc-épic que par les tristes spécimens montrés dans les foires, et j'avais entendu les fables plus ou moins ingénieuses que l'on débite à son égard. Je ne m'attendais guère à lui reconnaître un jour les qualités d'un excellent gibier.

Il y avait, il y a vingt-sept ans, dans un ravin au sortir de Philippeville, les ruines imposantes d'un cirque romain. Les gradins, les vomitoires, étaient encore parfaitement visibles, et leurs profondes assises avaient été à peine ébranlées par les siècles. Une vigoureuse végétation avait plongé ses racines dans l'arène fertilisée par le sang humain ; les lierres et les pariétaires pendaient aux voûtes ou tapissaient les murs.

Le soir, les lièvres sortaient de leurs coulées, les perdrix caquetaient sur les ruines, et les chacals sournois venaient chercher une proie facile.

Ce fut dans ce cirque que je fis mes premières armes de braconnier.

Un soir, à la tombée de la nuit, un crépitement particulier appela mon attention, et je vis un porc-épic traverser un sentier ; je le tirai de flanc et le tuai. Il était de grande taille, et, ne pouvant songer à le porter sur mes épaules, je me bornai à lui arracher une poignée de piquants, me promettant bien de venir, avec un homme de peine, le prendre le lendemain. Mais, quelle que fût ma hâte matinale, j'arrivai trop tard. Il ne restait sur place que les piquants ; tout le reste avait disparu sous la dent des carnassiers. J'eus plus tard l'occasion d'en tuer surpris, de jour, hors de leurs terriers ; mais il est très-difficile de les blesser mortellement en les tirant de face. Leur tête pointue couverte d'une épaisse crinière, leurs épaules bien garnies, toute leur armure enfin fait dévier le plomb. J'ai vu un exemple frappant et curieux de cette résistance.

Nour chassions un jour le sanglier aux environs de la ferme Ferdinand-Barrot ; les chiens menaient vivement, puis se récriaient, et nous pensions qu'ils avaient affaire à un solitaire qui tenait sur ses fermes ; mais les traqueurs cher-

chaient à le faire débusquer en tirant à blanc dans
le fourré et en le poussant à grands cris. Chacun
des tireurs demeurait donc à son poste. Enfin, le
cornet de notre piqueur annonça que l'animal débuchait. Je regardais dans la direction que m'in-
diquaient les aboiements des chiens, lorsque je vis
mon voisin de gauche, M. Caire, abaisser brusquement son arme et faire feu ; en même temps,
un sifflement aigu déchira l'air, et la balle, passant devant la ligne des chasseurs, alla frapper
sur un rocher. Presque aussitôt, un second coup
retentit ; j'accourus, et je vis un porc-épic énorme
étendu aux pieds du chasseur. Je demandai à
M. Caire comment il se faisait que sa première
balle avait produit le long ricochet que nous avions
entendu.

— Je n'en sais rien, dit-il ; ce que je puis affir-
mer, c'est que l'animal est tombé sous mon premier coup et que ce n'est pas sans étonnement que
je l'ai vu se relever, ce qui m'a forcé à le traiter
comme vous voyez.

En effet, le crâne était brisé.

Lorsque les traqueurs voulurent lier ce lourd
gibier à la barre qui devait servir à le transporter,
on le retourna sur le flanc, et nous vîmes alors
une chose étonnante : à la hauteur de l'épaule,
une rondelle du cuir de la bête avait été enlevée
comme avec un emporte-pièce, et la balle avait
glissé comme sur une cuirasse.

Les Arabes de la plaine ne chassent guère le porc-épic (1), et, s'ils le tuent, c'est afin de protéger leurs récoltes de fèves, de pois chiches et de maïs ; mais les habitants des villes, et particulièrement les fumeurs de *kiff* (2), qu'on appelle aussi *hachachin*, exacte étymologie peut-être du mot *assassin*, dont l'origine est toute orientale, apportent une véritable passion à leur poursuite et à leur capture, et les mangent avec délices. Voici comment ils procèdent à cette chasse.

Ils parcourent le pays avec des chiens dressés à ne donner de la voix que sur ce gibier, et voyagent avec eux dans les montagnes, armés d'une demi-pique surmontée d'un crochet aigu. Ils sont deux ordinairement, et l'un d'eux porte une pioche légère. Quand leurs chiens ont indiqué un terrier, ils en élargissent l'entrée et s'y glissent, nus, en rampant sur le ventre ; si les autres ouvertures sont convenablement bouchées, ou si on y allume des mèches souffrées, ils y surprennent les porcs-épics ordinairement réunis en famille.

(1) *Deurban.*

(2) Le kiff se compose de feuilles d'une espèce de chanvre récolté vert et séché à l'ombre. Coupé menu comme le tabac et fumé dans des pipes garnies d'un très-petit fourneau, elles ont l'action d'un narcotique en même temps qu'elles donnent à l'imagination et aux sens une excitation fébrile. Les fumeurs de kiff sont tenus en mépris par les musulmans et passent pour avoir des mœurs très-dissolues.

Ils harponnent l'un d'eux derrière la nuque, et le tirent successivement au dehors, où l'autre chasseur l'assomme d'un coup de pioche.

Les hachachins apportent, comme je l'ai dit, tant d'ardeur à cette chasse, que l'un d'eux n'a pu être retiré qu'après quatre heures du couloir dans lequel il avait pénétré. Il a fallu creuser le sol pour le dégager à demi-asphyxié.

Ce sont des marcheurs infatigables que ces chasseurs ; j'en ai connu un qui, chargé de deux porcs-épics, a fait cent kilomètres d'une seule traite.

Leurs chiens d'arrêt et courants poursuivent aussi le porc-épic et l'attaquent avec fureur ; mais le chasseur doit les suivre de près, afin de les empêcher de se jeter sur la bête. Souvent nos chiens sont revenus maltraités dans leurs luttes contre les porcs-épics réfugiés dans la broussaille, et l'un d'eux, grand braque, a été si grièvement blessé, qu'il n'a pas été possible de lui arracher, sans qu'il expirât, un grand piquant qui avait pénétré profondément entre les épaules.

LE SANGLIER

La véritable bête de chasse de l'Algérie, c'est
le sanglier.

Comme on a pu le voir dans les précédents cha-
pitres, les émotions que donne sa poursuite sont
multiples ; soit qu'on le chasse à cor et à cris ou
en battue, il se défend par ses ruses et fait hardiment tête à l'attaque.

S'il est moins hargneux, il est plus fort, tout
aussi hardi, et plus grand que ses congénères de
France. Les lions et les panthères eux-mêmes ne
s'attaquent guère qu'aux laies et aux bêtes de
compagnie. Tant est solide leur enveloppe et leur
coffre, quand ils ont vieilli, qu'ils résistent mieux
à la balle que les grands carnassiers.

Il a été donné à un de nos amis et confrère en Saint-Hubert, M. Fouet, d'assister à un duel entre un vieux solitaire et un grand lion.

Le sanglier s'était acculé sous le tronçon d'un olivier séculaire, et tenait hardiment en respect son terrible agresseur. Le lion rugissait, s'accroupissait à quelques mètres ; puis, bondissait griffes et crocs au vent. Mais le vieux rusé se jetait lui-même obliquement au-devant de l'attaque ; baissant ses défenses, il cherchait à découdre les flancs du lion et reculait prestement sous son abri. Le lion s'acharnait ; le sanglier ne se lassait pas. Les griffes du lion déchiraient en longues lanières le rude épiderme de l'habitant des genêts épineux. Les crocs de ce dernier traçaient sur le corps fauve du carnassier des sillons sanglants. Plus d'une fois, le lion hésita devant la hure horrible de colère, blanche d'écume et rouge de sang qu'il rencontrait de face, semblable au bouclier de Méduse. On ne sait comment se serait terminée la lutte si le sanglier, dans l'une de ses pointes, n'eût trébuché. Saisi à la nuque, il résistait encore ; mais, cette fois, vainement, et le lion l'entraîna dans le fourré voisin. « Ce fut magnifique à voir, me dit M. Fouet, si bien que je ne songeai pas à tirer, à distance, mes deux balles sur le groupe. »

Un autre exemple démontrera l'énergie de leur nature.

Nous suivions, Laroque et moi, précédés de nos chiens d'arrêt, un ravin boisé près du village Saint-Antoine. — Avez-vous des balles? me cria Laroque. Nous étions séparés par la largeur et la profondeur du ravin.

Oui! lui répondis-je, en lui envoyant deux cartouches. Mon chien, me dit-il, est aux prises avec un animal que je ne puis distinguer. J'entends seulement de sourds grognements et un froissement de mâchoires; il m'indiqua en même temps le point de la lutte. Mais il m'était tout aussi difficile de distinguer quoique ce fût; je vis seulement le buisson de myrthe s'agiter au-dessous de moi. Le chien, se sentant soutenu, recommença alors vivement son attaque; mais rien ne débusqua : seulement, le bruit des mâchoires s'accentua davantage.

Ce manége dura assez longtemps; je résolus d'en finir.

Après avoir vainement cherché un accès quelconque, qui me permît de voir l'animal, je me frayai un passage jusqu'au chien; puis, élargissant la trouée au moyen du canon de mon fusil, je gagnai quelques mètres.

Sous le couvert, et assis entre les deux berges resserrées d'un ravin, dans lequel il se trouvait encastré, pour ainsi dire, jusqu'à la hauteur de l'épaule, un énorme sanglier, le poil hérissé, semblant défier l'attaque. Ne pouvant épauler, je lui

tirai mes premières balles presqu'à bout portant ;
mais, après l'évaporation lente de la fumée à travers la broussaille, je pus voir que le sanglier
avait disparu.

Rien n'a débusqué ! me cria Laroque.

Me glissant alors plus avant, je m'aperçus que
l'eau du ravin était teinte de sang ; quant au
chien, il aboyait plus vivement encore que lors
de la première attaque, et se trouvait tout près de
moi sans que je pusse le distinguer. Il fallut encore bien des efforts pour arriver à une bifurca-
tion du ravin, et j'y trouvai le sanglier dans la
même attitude que la première fois, c'est-à-dire
assis sur son train de derrière. Je le tirai en plein
corps cette fois ; il tomba sur ses genoux et ne
se releva plus.

— Qu'y a-t-il donc ? me cria Laroque.

— Un sanglier ! lui répondis-je. Seulement, je
ne sais comment nous pourrons le tirer de là.

Il fit un long détour et voulut examiner les
lieux. Le sanglier faisait encore des efforts pour
se relever, il l'acheva sur place.

Comme moi, il conclut, d'ailleurs, qu'il était
presque impossible de retirer le sanglier de l'espèce de puits où il s'était fait tuer.

Nous voulûmes cependant le tenter.

Le fils de mon fermier se trouvait avec nous ;
je l'envoyai au village quérir une mule et une
corde de puits. Nous liâmes ensuite le sanglier à

l'une des extrêmités, et la mule le transporta, non sans peine, des profondeurs du ravin à la ferme.

On le dépouilla et le dépeça immédiatement, et en prit qui voulut. Nous n'assistions pas à cette curée ; mais on nous y appela, et voici pourquoi :

Le sanglier portait aux articulations des jambes de devant des callosités épaisses ; ses soles étaient déformées et allongées. A l'arrière-train, c'étaient bien pis : deux gros bourrelets entouraient ses articulations d'un tissu élastique. Le fermier en fit la dissection, et nous y vîmes une ankylose dans laquelle des vers s'étaient logés. Tout ce désordre avait été causé depuis longtemps par une balle de petit calibre qui avait traversé parallèlement la double articulation, désorganisant nerfs et tendons ; mais, depuis, la cicatrisation s'était faite à l'extérieur.

Nous nous expliquâmes alors la répugnance que notre sanglier avait mise à débusquer de sa bauge. Restait à comprendre comment il avait pu acquérir un embonpoint très-remarquable. Perclus comme il était, il ne pouvait aller que très-lentement et très-péniblement à la glandée. Mais le ruisseau lui servait de pourvoyeur. En effet, les pluies d'automne y faisaient descendre les glands des chênes voisins et sa pâture s'accumulait ainsi devant lui.

Que les jeunes chasseurs ne s'étonnent donc

pas de voir le peu d'effet de leurs balles sur l'épaisse enveloppe d'un gros sanglier. Il y a, de plus, chez ces animaux une énergie physique et une vitalité incomparables. J'en ai vu un ne s'arrêter qu'à la septième balle reçue en plein corps, et il arrive très-souvent que de vieilles cicatrices témoignent, qu'avant de succomber, la bête abattue avait reçu déjà d'autres atteintes.

Une laie, traversée de l'épaule au flanc par une balle cylindrique, perdait des flots de sang, mêlés de débris de poumons; nous la suivîmes aux rougeurs pendant deux heures sans pouvoir l'atteindre ni la retrouver.

Frappé par M. Daruty de deux balles jumellées qui lui avaient déchiré le cœur, un solitaire se cabra comme un cheval, battit, un instant, l'air de ses jambes de devant, s'abattit et, dans une dernière convulsion, envoya rouler à quelques pas, d'un seul coup de pied, le chien qui l'aborda le premier.

A Jemmapes, un autre, faisant tête au milieu d'un genêt, était si terrible dans sa défense que les traqueurs arabes, l'ayant tiré sans l'atteindre, s'étaient hâtés de se réfugier sur les chênes voisins, et que deux chiens, sur trois, avaient été l'un tué net et l'autre largement décousu. Mon fils, Eugène, arrivant alors aux fermes, lui logea deux balles dans l'épine dorsale sans le faire fléchir; enfin, M. Desjardins, le chargeant au pas

de course, lui enfonça dans la gorge une forte
baïonnette, en même temps qu'il pressait la détente de ses deux coups. L'animal tomba alors ;
mais telle avait été la vigueur de l'attaque du
chasseur que la baïonnette, large comme un sabre et longue de 40 centimètres, après avoir pénétré jusqu'à la garde, s'était tordue dans le coffre
de la rude bête. On peut dire que celui-là, comme
le guerrier antique, est mort debout et invaincu.

Un autre, par contre, est mort bien inoffensive-
ment, j'allais dire docilement. Ce n'était qu'un
tiéran, il est vrai, mais je doute qu'un grand
sanglier y eût mis plus de mauvaise volonté, tant
le coup fut subtil. Notre ami Rouden le tira, à
40 mètres, lorsqu'il ne voyait que la partie la
moins noble de l'animal, et celui-ci, trébuchant,
tomba sur les côtés et resta immobile.

Rouden, avec l'impassibilité qui le distingue,
attendit encore pour voir si pareille fortune se re-
présenterait. Puis, lorsque l'enceinte fut vidée, il
indiqua le sentier raviné où gisait son gibier.

Les traqueurs sardes y descendirent pour faire
la curée et choisir leur morceau de prédilection,
c'est-à-dire le foie. — Morceau de chasseur et de
gourmet, je vous assure, quand on le mange sur
place et qu'il a été rôti tiède encore ! — Nous les
vîmes tourner et retourner la bête avec des excla-
mations :

Per Bacco ! dove l'a toccato ?

. . . .

— *Per la Madona!* Monsieur Rouden, venez voir votre coup de fusil?

Rouden se mit à descendre, en riant de son rire taciturne Nous le suivîmes.

La curée seule avait fait découvrir la blessure. La balle traîtresse et meurtrière s'était glissée près d'un orifice naturel, avait traversé le pauvre tiéran en sa longueur, désorganisant tout sur son passage et s'arrêtant seulement à la gorge.

Bien d'autres incidents de chasses au sanglier seraient à raconter ici, mais je les réserve, s'il plaît à Dieu! pour un autre volume qui porterait pour titre : *Menues Chasses et grands Récits d'Algérie.*

UNE SAINT-HUBERT EN AFRIQUE

Ce fut une grande fête pour nous que la Saint-Hubert de 185...

Propriétaire d'un vaste domaine de douze cents hectares, qui s'étend dans la vallée du Saf-Saf, M. le baron de Mareuil, ancien membre du Jockey-Club parisien, nous avait invités à célébrer dignement la fête de notre patron. L'invitation fut accueillie avec enthousiasme ; on savait que M. de Mareuil y apporterait les bonnes traditions.

Dès l'avant-veille du 3 novembre, les indigènes du douar d'Aïn-Rourab (fontaine du Corbeau) avaient, avec un zèle intéressé, fait le bois, marqué aux brisées, et enfin étaient venus annoncer qu'un grand solitaire et plusieurs hardes, mâles et femelles mêlées de tiers-an, étaient rembûchés et cernés dans un ravin voisin qui serait surveillé nuit et jour jusqu'au moment où s'ouvrirait la chasse. A ce même moment, les traqueurs devaient se trouver réunis et attaquer la battue, selon la convenance des veneurs et la direction du vent.

M. de Mareuil fit connaître les dispositions prises, et on partit de Saint-Charles pour se porter au rendez-vous de chasse, à proximité de l'enceinte gardée.

Il était neuf heures du matin. C'était une de ces splendides journées d'automne dont le sol algérien est prodigue, et qui passerait partout ailleurs pour un beau jour de printemps. Un substantiel déjeuner nous attendait au lieu du ralliement, et l'on se conforma à l'ancien principe :

> . . . . Surtout souvenez-vous
> Qu'en vrais chasseurs, jadis on déjeunait debout.

Étaient présents : notre doyen à tous, M. Derrumaux, qui avait transporté en Algérie, dans le grand domaine de M. Ferdinand Barrot, les habitudes de l'hospitalité flamande ; M. Delay, mon initiateur aux chasses d'Afrique ; Daruty, que les Arabes appellent *Bou-Mendar* (1), et qu'ils regardaient comme un tireur extraordinaire ; l'é-

(1) L'homme aux lunettes.

norme et homérique Vié, capable d'enlever un
sanglier par l'oreille ; Frémont, qui continuait ici
ses chasses d'Alger ; et d'autres, jeunes ou vieux,
dont les noms se retrouveront dans le récit.

Quand nous fûmes arrivés à l'enceinte gardée,
M. de Mareuil plaça lui-même les tireurs de manière à ce qu'ils embrassassent, dans leur feu
croisé, tous les sentiers du ravin, mais assez près
cependant les uns des autres pour que, à l'occasion, ils pussent s'entr'aider, précaution qui n'é-
tait pas hors de propos, parce qu'on avait remarqué que le pied d'un grand lion se représentait de
temps en temps parmi les nombreuses traces de sangliers. Puis, après avoir recommandé le plus grand
silence, il descendit à cheval rejoindre les bri-
gades de gendarmerie, qui, conduites à cette fête
par leur lieutenant, M. Simon, devaient empêcher
les bêtes chassées de gagner la plaine par le bas
du ravin. Ces dispositions prises et les traqueurs
à leur poste, le signal fut donné par un coup de
pistolet.

Un ouragan de cris, coupé de coups de feu,
s'éleva avec un ensemble parfait ; ceux des traqueurs qui n'étaient pas armés frappaient de
perches les broussailles épineuses, et criaient sur
tous les tons :

— Ya ! youdi *ben youdi!* (Allons ! juif fils de
juif !).

— Ya ! youdi ben kelb ! (Allons ! juif fils de chien !).

— Ya ! hallouf ben hallouf ! (Allons ! sanglier fils de sanglier !).

— Ahh ! ahh ! khanzir ben khanzir ! (Porc fils de porc).

— Aoulik ! aoulik ! (A toi ! à toi !).

Mais le plus acharné de tous les traqueurs n'était pas un Arabe ; c'était *Sahab*, le grand-lévrier de M. de Mareuil. Il bondissait à travers les fourrés et faisait de son mieux. Parcourant, en arrière, la ligne des batteurs, il furetait partout, cherchant à surprendre quelque solitaire qui, abrité dans sa bauge inaccessible, laisserait passer, sans s'émouvoir, les bruits et les provocations des traqueurs.

Or, voici ce qui en advint :

Sahab se trouva aux prises avec un des plus robustes et hargneux solitaires ; il l'attaqua hardiment ; mais son adversaire se mit aux fermes et lui présenta sa large hure armée de défenses formidables qu'il agitait en brisant autour de lui les tiges des genêts. Mais Sahab l'attaquait, bondissant autour de lui, et le menaçait de tous les côtés.

M. de Mareuil, qui suivait à cheval, armé d'une courte carabine, mit pied à terre et accourut juste au moment où le sanglier débuchait ; il lui envoya son coup de feu, qui lui brisa l'épaule.

Sahab alors le mordit aux flancs pendant que, roulant sur lui-même, il cherchait à regagner le bois. Mais M. de Mareuil lui fit face et lui porta un coup de couteau qui glissa sur le crâne, de sorte que le chasseur, par suite de l'impulsion qu'il s'était donnée, se trouvait sur un genou à côté de l'animal.

Celui-ci se retournait, lorsque M. de Mareuil lui enfonça jusqu'à la garde sa lame dans les flancs. Presque au même moment, un gendarme accourait au galop, et, croyant M. de Mareuil en péril, cassait les reins de la bête d'un coup de pistolet. Cet épisode avait duré moins de temps qu'il n'en faut pour le dire. Tous les chasseurs y applaudirent par des bravos.

Eux-mêmes, avant et pendant ce dramatique accident, avaient fait adroitement leur besogne. Notre ami Cosme, après avoir forcé un solitaire à regagner le bois, l'avait frappé d'une seconde balle qui lui laissa juste le temps d'aller mourir dans sa bauge, où il fut retrouvé le lendemain ; puis, profitant du moment où un tiers-an effaré s'arrêtait brusquement sur l'arête d'un rocher, il l'abattait, à quarante pas, par une balle derrière l'oreille. Le lieutenant Simon faisait, de son côté, coup double sur deux grands marcassins, et en arrêtait un sur place. Ce fut là le lot des tireurs de gauche ; quant à ceux de droite, ils auraient eu de plus belles chances si, à cause des difficultés du terrain, les traqueurs n'avaient dû rompre leur ligne et suivre à la file, de sorte que des hordes entières filèrent de droite et de gauche. M. Perceau père en vit passer huit devant lui, parallèlement à la ligne des batteurs, et s'abstint de tirer. Le jeune M. Mélet, qui faisait ses premières armes dans une chasse de ce genre, surpris par le bruit et se voyant entouré de fuyards, ne put saisir l'instant de faire une victime. C'est ainsi que cette Saint-Hubert, débutant sous d'aussi beaux auspices, ne jeta sur le terrain que deux solitaires, un tiers-an et un marcassin.

Mais une revanche éclatante fut prise dans l'après-midi et le lendemain sur le menu gibier. Les environs de l'oued Deb y fournirent abondamment.

Lorsque, le 5 novembre, après midi, nous rentrâmes à Philippeville en cortége, précédés de deux sonneurs de trompe sonnant des fanfares, la voiture qui portait la chasse contenait, outre les trois sangliers couverts de myrte, trente lièvres et soixante-cinq perdrix formant guirlandes, suspendues aux branchages étalés en berceau autour du caisson.

Le soir, un dîner de quarante couverts, dans lequel figurait, en partie, le gibier abattu dans ces deux journées, nous réunissait à l'hôtel d'Orient, et on y servit, au rôti, tout entier, l'un des marcássins tués l'avant-veille.

Ce récit d'une Saint-Hubert n'est pas remarquable par le résultat d'une chasse de ce genre. On en a vu bien d'autres dans notre bienheureux pays! Mais il m'a paru intéressant par l'épisode auquel il a servi de cadre, et aussi comme indication de la méthode suivie généralement en Algérie pour la chasse aux sangliers.

C'est toujours la traque à cors et à cris, avec ou sans chiens. Le sanglier, comme le lièvre, fait de courtes rendonnées, et il n'y a guère que les mâles étrangers au canton, en quête de femelles, qui forlongent la chasse devant la poursuite de la meute.

Quant aux succès qu'auraient ces chasses bien organisées et bien menées, les chasseurs peuvent en juger par ce qui suit :

Dans une seule battue conduite par notre piqueur Oriente, chasseur sarde très-habile, secondé de trois de ses compatriotes, et au moyen de trois chiens, dont un intrépide roquet, nous avons abattu en une demi-heure cinq sangliers, et dix au moins ont été mis sur pieds. Un banquier de Paris, M. Blakmuller, disait, dans son étonnement, « qu'à son retour, on ne voudrait pas croire qu'aux environs de Philippeville, on chasse les sangliers comme les lapins dans une garenne. »

Ce grand nombre de sangliers cause parfois des rencontres inattendues. Si vous chassez dans les •

bois, il arrive assez fréquemment qu'au lieu du gibier cherché, lièvre, bécasse ou perdrix, votre chien remarque et arrête un sanglier. C'est le moment où l'on apprécie le Lefaucheux, et plus d'un d'entre nous doit à cette arme d'avoir rapporté un gibier plus lourd que celui qu'il cherchait, mais aucun, je crois, dans les circonstances exceptionnelles que j'ai fait connaître dans le chapitre précédent en racontant l'incident du village Saint-Antoine.

D'autres fois, ce sont les grands fauves qui se laissent surprendre, et s'ils n'étaient inoffensifs pour l'homme, on ne pourrait vraiment chasser, en Afrique, le menu gibier si le fusil à bascule n'était inventé.

Un appel que je faisais aux chasseurs, en 1864, pour la formation d'une société de Saint-Hubert, donnera une idée de l'abondance des bêtes fauves qui vivent et multiplient dans nos couverts et nos bois.

Nombreuses dans notre arrondissement, les bêtes sauvages causent des dégâts à l'agriculture ou des pertes en bestiaux très-sensibles. Si l'on veut s'en rendre compte, il suffit de noter les appréciations qui vont suivre :

On a calculé qu'un lion détruit une tête de gros bétail tous les deux jours, ou, si l'on veut réduire cette appréciation, cent cinquante têtes par année, soit, calculée à raison de cinquante francs seule-

ment par tête, une valeur moyenne de sept mille
cinq cents francs. En ce moment, cinq lions sont
connus dans l'arrondissement ; c'est donc, pour
leur entretien, un prélèvement sur nos bestiaux
qui peut s'évaluer annuellement, et au minimum,
à trente-sept mille cinq cents francs.

Les panthères sont plus nombreuses que les
lions ; mais leur consommation se composant en
général de menu bétail, la dépense afférente à chacune d'elles peut être évaluée à la moitié de la
consommation du lion. Or, comme on ne peut
estimer à moins de quinze individus adultes celles
qui fréquentent les deux cent mille hectares de
bois et forêts de l'arrondissement, leur budget
représente l'énorme somme annuelle de cinquante-
six mille deux cent cinquante francs.

Nous ne parlerons que pour mémoire des fauves
de petite espèce, chats-tigres, chats-cerviers,
chacals, renards et ratons, pillards des basses-
cours et dévastateurs de vignes.

Mais, si les grands carnassiers prélèvent sur
les troupeaux l'énorme dîme que nous venons de
dire, les sangliers sont le grand fléau de l'agriculture. Ils pullulent dans nos environs, et, quand
leurs bandes envahissent les jardins potagers ou
les champs de céréales en maturité, il suffit parfois
d'une nuit pour que tout soit ravagé.

Les jardiniers, les colons, les indigènes, passent les nuits à tirer des coups de feu pour les

éloigner, et leur surveillance ne doit ni s'endormir, ni se lasser.

Nous ne hasarderons pas d'appréciation en chiffres sur les dégâts que causent les sangliers ; mais qu'on en juge d'après leur nombre, et, de leur nombre, par la quantité consommée journellement et provenant des embuscades que leur tendent les indigènes. Ceux-ci en vendent en moyenne douze par jour dans les communes de l'arrondissement, soit, en chiffre rond, quatre mille par année, et leur race est loin de diminuer.

Tous nous sommes donc intéressés à réagir contre une semblable situation.

Le gouvernement de l'Algérie a institué des primes pour la destruction des bêtes fauves, et il a bien fait ; mais ces primes, il faut le dire, sont insuffisantes, rapprochées du but à atteindre. En effet, l'heureux chasseur qui abat un lion touche une prime de quarante francs, et la dépouille brute de l'animal étant vendue en moyenne soixante francs, il gagne cent francs ; mais par combien de courses nocturnes, par combien de nuits passées à la belle étoile doit-il atteindre cette chance aléatoire !

Or, ces cent francs de gain si chèrement achetés représentent, au bénéfice de l'arrondissement, soixante-quinze mille francs, en supposant que le lion eût vécu seulement dix ans.

Un jour ou l'autre, sans doute, cette question

de destruction des bêtes fauves sera mise, par son importance, au rang des intérêts du pays. Les conseils généraux, les conseils d'agriculture, les communes et l'Etat lui-même, très-intéressé dans la question par l'impôt qu'il perçoit sur les troupeaux indigènes, feront figurer à leur budget des allocations sérieuses, dans le but de délivrer la colonie de l'énorme tribut qu'elle paye aux hôtes de ses forêts.

Mais aidons-nous nous-mêmes, si nous voulons que le ciel nous vienne en aide. Colons, nous voulons la conservation de nos troupeaux, de nos récoltes et de nos basses-cours ; chasseurs, nous voulons conserver le gibier de table, aliment du riche, afin qu'il puisse être aussi celui du pauvre ! Tous nous avons la louable intention d'être utiles et nous désirerons y parvenir par le plus noble et le plus viril des exercices. Ayons aussi nos victoires, celles-là ne répandent qu'un sang impur et donnent une gloire sans regret.....

Cet appel fut entendu et la société de Saint-Hubert de Philippeville se constitua. Elle comptait cinquante-cinq membres inscrits.

En sept battues, du 5 mars au 6 juin 1865, les membres de la société ont détruit quinze sangliers, sept chacals, deux hyènes, trois porcs-épics. Mais cinq chiens, et des meilleurs, ayant été blessés par les bêtes chassées, il s'ensuivit une interruption jusqu'à leur rétablissement.

Les chasses ont repris depuis, sinon avec le
même entrain, tout au moins avec plus d'expé-
rience et plus de succès encore. Il est à regretter
que le registre des procès-verbaux n'ait pas été
mis au courant.

INCENDIES

(PAGE D'HISTOIRE)

———

Si les incendies n'y ravageaient périodique-
ment que de grands espaces de taillis et de broussailles, l'Algérie serait sans doute le plus gi-
boyeux pays du monde.

Que l'on ne se figure pas que lièvres et perdrix,
sangliers, grands ou petits fauves, échappent facilement par la fuite aux atteintes du feu. Ils sont
tous paralysés par la terreur, et il est bien rare
qu'en parcourant le front de l'incendie, on voit
fuir le gibier, grand ou petit.

En chasseur, en curieux ou par devoir, j'ai
assisté à d'immenses incendies. Une seule fois j'ai
aperçu un sanglier sortir, boiteux et tout fumant,

du fourré qui lui servait de retraite ; dans une
autre circonstance, une compagnie de perdrix
s'éleva au milieu de la fumée ; mais le plus grand
nombre, tourbillonnant dans la fumée, retomba
dans le foyer.

Quand de nombreuses sociétés de Saint-Hubert
seront organisées dans le pays, les indigènes
n'invoqueront pas pour circonstance atténuante
la nécessité de détruire ou d'éloigner par le feu
les ennemis de leurs troupeaux et de leurs récoltes.

· Un incendie en Algérie, quand il prend certaines proportions, est un de ces spectacles gran-
dioses que l'on oublie plus quand on en a été le
témoin.

En septembre et en octobre, lorsque les récoltes
sont rentrées, que l'herbe des montagnes est des-
séchée, après une journée de siroco, vent du désert qui brûle l'air, le soleil se trouve dépouillé
de ses rayons ; il apparaît d'abord comme un
globe d'un rouge incandescent, puis il pâlit ;
l'horizon devient pourpre ; une teinte grise efface
le bleu du ciel ; des rafales arrivent du Sud, et
chaque fois l'incendie envahit les crêtes de montagnes ou se précipite dans les ravins avec un
bruit d'avalanche. Alors, rien, si ce n'est un
brusque changement du vent, ne peut arrêter
l'élément dévastateur.

Le 17 décembre 1843, au soir, à l'heure où la

brise de la mer s'assoupit et ne peut plus faire obs-
tacle à l'œuvre de destruction, on vit simultané-
ment s'allumer, sur les points les plus boisés du
Djebel-el-Alia, sur le plateau d'El-Diss et du Zé-
ramna, des foyers qui se développèrent, en cernant
dans leur marche envahissante tout le territoire de
colonisation. Les forêts, peuplées d'arbustes rési-
neux, lentisques et oliviers, se remplissaient de
tourbillons de flammes et de fumée, et telle était la
violence de l'incendie, que les chênes-liéges se
tordaient en éclatant dans cette fournaise, et que
leurs cimes s'allumaient comme des torches gi-
gantesques. Les habitants de la ville, bravant
cette atmosphère embrasée, sortaient de la ville
pour se porter au secours des fermes menacées.

Au milieu de la nuit, le tocsin et la générale
annoncèrent que la ville même allait être envahie.
De toutes parts un ouragan de flammes entourait
l'enceinte et un grondement pareil à celui des
cratères paraissait s'élever du sol.

Pendant qu'une partie de la garnison et de la
milice courait aux armes pour attendre l'ennemi
qui pouvait s'être couvert de l'incendie comme
d'un invincible avant-garde, tout le reste de la
population se répandait au dedans des remparts,
et, tous munis de gaules, de branchages ou de
pelles, éteignaient les foyers que les flammèches
tombées du ciel allumaient par milliers. On y mit
tant d'intrépidité, d'habileté, de persistance, que

le fléau, se détournant pour gagner les ravins
boisés de Beni-Mélek, sembla chercher, en courant vers Stora, un point moins défendu. Les
flammes paraissaient activer leur course pour arriver avant les secours à ce village maritime. Les
crêtes qui surplombent le mouillage de Stora et
les ravins voisins, aujourd'hui presque dénudés,
étaient peuplées alors d'un épais massif de chênes-
liéges. Du haut de ces montagnes jusqu'à la mer,
ce fut un immense rideau de flammes. Mais la
garnison, les pompiers, les volontaires, avaient
vu le danger; ils couraient sur la route entre deux
haies de feu. Ils arrivèrent, montèrent à l'assaut
sur les pentes de l'amphithéâtre, et recommencè-
rent la lutte. Cette fois, cependant, il fallut op-
poser à la rage du feu un moyen plus énergique.
Cinq cents hommes ouvrirent une large tranchée,
et le village fut préservé.

Dès le matin, le marabout Sidi Mohamed Bou
Ali put apprendre que les chrétiens avaient vaincu
l'enfer dans lequel il les avait enfermés, et que les
tribus seules avaient dû fuir leurs gourbis incendiés.

Ce Bou Ali s'était fait accepter comme le successeur de Si Zerdoud, un de ces prétendus ché-
riffs qui se levaient, un beau matin, avec la pré-
tention de nous jeter à la mer. Celui-ci était un
ancien spahis, originaire de l'Édough, qui, pendant les années 1842 et 1843, avait jeté le trouble

dans le pays. Mais les généraux Levasseur et Baraguay-d'Hilliers le poursuivirent à travers le pays difficile des Zerdezas, et le conduisirent, l'épée dans les reins, jusqu'à l'extrémité du cap de Fer, où ses partisans cherchèrent un vain refuge dans les flots. Lui-même, livré par son secrétaire, Mohamed Yhayha, fut tué et décapité.

La garnison de Philippeville rapporta dans nos murs les sanglants trophées de sa déroute et de sa mort.

Cette fin tragique, l'exhibition exemplaire des témoignages de notre victoire, n'eurent pas un effet de longue durée comme moyen d'intimidation. Le rôle de chériff a son beau et bon côté. Ce n'est pas une petite gloire que de se poser comme notre adversaire, et, d'une position plus ou moins obscure, il y a profit à s'élever au rang de chef d'armée.

Or, le marabout Si Mohamed Bou Ali se donna pour le successeur autorisé du défunt chériff, et voici sur quelle fable il appuyait la légitimité de sa mission. Elle démontre la puérile crédulité des Arabes et quelle audacieuse imposture les entraîne dès qu'il s'y mêle du merveilleux.

Bou Ali faisait raconter par ses émissaires que, quarante ans auparavant, il était parti de Constantine et était allé demander à l'empereur du Maroc l'autorisation de purger cette ville des Turcs qui l'occupaient, et qui, contempteurs de la

loi du Koran, s'y livraient à tous les désordres.
L'empereur avait refusé et voulu seulement que
le réformateur fît peser sa colère sur les Arabes
du pays qui obéissaient aux Turcs et suivaient
leurs damnables exemples. Bou Ali alors était
revenu, avait rassemblé une armée invincible,
écrasé les tribus, sans que les Turcs osassent se
porter à leur secours, et si bien dévasté le pays,
qu'il garde autour de Constantine l'aspect désolé
dont le regard est frappé (1). Après l'exécution
du châtiment, il avait rendu compte de sa mission
à l'empereur, et, depuis, avait vécu sous terre,
assistant en esprit à la ruine de la puissance turque comme à une catastrophe méritée et prévue.

Mais l'expiation imposée aux musulmans devait avoir enfin son terme, et Bou Ali revenait
au jour pour exterminer les Français.

Tout n'était pas faux dans cette imposture.

Au commencement de 1805, un jeune marabout, que les récits de l'époque désignent sous le
nom de El Hadj Mohamed ben Lakreuch, était
venu du Maroc soulever les Kabyles des environs
de Djideli. Il leur avait prêché la guerre contre
les chrétiens, s'était jeté lui-même, avec soi-

---

(1) Grâce aux efforts de nos colons, aux plantations et aux
jardins créés, cet aspect s'est modifié aujourd'hui très-remar-
quablement, mais les plateaux des montagnes voisines sont
demeurés dénudés.

xante pirates, dans un chebec, et, au mépris de la protection particulière du bey d'Alger, avait capturé plusieurs barques coralines dont les équipages furent conduits dans la montagne. L'enthousiasme pour ce jeune marabout devint général et sans bornes ; la Kabylie lui fournit, dit-on, plus de cinquante mille combattants.

Ben Lakreuch alors s'était donné tout autre mission que de courir la mer à la poursuite des chrétiens. Il avait harangué ses adhérents, leur représentant les Turcs comme oppresseurs, les Arabes comme leurs lâches complices, et avait entraîné l'armée à sa suite vers Constantine. Le pays avait été, dans les plaines, ravagé et ruiné ; mais l'invasion kabyle vint échouer au pied des rochers de Constantine. Les Turcs, dans une sortie et un combat, dispersèrent les bandes du marabout ; et celui-ci, blessé, revint dans la Kabylie, se bornant à inquiéter la garnison turque de Bougie.

Le souvenir de cette levée de boucliers était sans doute, en 1843, présent encore dans la mémoire des Beni-Touffouts, chez lesquels Bou Ali avait planté sa tente. Celui-ci, comme on l'a vu, sut exploiter assez habilement la tradition.

Il n'en fallait pas davantage. Un peu de prestige suffit aux fanatiques, et les aventuriers et les pillards, si nombreux dans les tribus, gens sans foi ni loi, vivant du désordre, s'estimèrent très-heureux d'abriter leurs brigandages sous la parole d'un chériff, quel qu'il fût.

Bou Ali prêcha donc la guerre sainte et se donna pour chef dans le pays. Quelques adhérents des Isaks et autres tribus voisines l'entourèrent, et le frère de Sidi Zerdoud, Ali el Abd, vint le joindre, lui annonçant les contingents de l'Édough et des Zerdezas.

Le marabout se crut alors assez fort pour organiser ouvertement son armée. Il réclama des Beni Mehenna quatre canons destinés à Sidi Zerdoud, et essaya de former chez les Beni Salah des corps de cavalerie et d'infanterie permanents, auxquels il promit une solde régulière qu'il comptait payer par les contributions volontaires ou forcées des tribus. Sidi Mohamed Abderraman, le lieutenant de Sidi Zerdoud, et Aïssa ben Rorab, l'un des chefs de bande, vinrent lui apporter le concours, l'un de son habileté et de son influence, l'autre de ses hardis coups de main.

Dès ce moment, les tribus alliées eurent à se garder contre les surprises nocturnes et les razzias au grand jour. Ben Rorab était le munitionnaire de l'armée ; il y envoyait sans cesse des approvisionnements, des troupeaux, des bêtes de somme et des chevaux.

Les Medjaja subirent nos représailles. Cette forte tribu fut complétement razziée. Les monta-

gnards perdirent quinze des leurs et entraînèrent
un grand nombre de blessés chez les Beni Salah,
où le chériff s'était déjà empressé de fuir. Cette
surprise nous valut de nombreux troupeaux, et
les colons furent défrayés des pertes que leur avait
causées les maraudeurs.

Mais ces représailles avaient répandu la rage et
la terreur chez les partisans du chériff. Lui leur
expliqua la défaite des Medjaja par la tiédeur déplorable de la foi chez les musulmans, leur disant
que la désunion des tribus faisait leur faiblesse et
leurs désastres ; qu'il fallait former une ligue universelle contre le danger commun, ou se soumet-
tre aux ennemis de Dieu ; que, d'ailleurs, enve-
loppant dans une même ruine les chrétiens et les
adhérents, il allait employer le dernier moyen que
l'ange de la destruction avait mis entre ses mains,
et détruire du même coup les uns et les autres.

On a pu voir que l'incendie devint entre ses
mains une arme impuissante.

Le succès rend, dit-on, tout moyen légitime,
et, s'il eût réussi, Bou Ali passait au nombre des
héros !

Au contraire, son prestige tomba ; le plus
grand nombre de ses adhérents cessèrent de
croire à sa mission providentielle, et il s'estima
heureux de trouver un refuge chez ses derniers
amis des Beni Touffouts. Peut-être est-il de nou-

veau, depuis, rentré sous terre pour attendre une occasion favorable de reparaître sous un nouveau nom.

Cette terrible nuit du 17 octobre 1843 donna la mesure de l'énergie de notre population, et ce fut une belle page pour nos annales.

Les chasseurs, cependant, s'aperçurent que le fléau, qui avait épargné nos fermes et notre ville, avait atteint le gibier dans une déplorable proportion. Mais, depuis, grâce à Dieu, les pertes se sont réparées.

FIN.

TABLE

————

*

FIN DE LA TABLE.